U0936610

河文海脉

沿着运河看中国

江苏篇

组织编写：扬州市人民政府
总主编：贺云翱
本册主编：张　兵
副主编：李琼芳　吴　燕
编写组成员：王薇薇　石　磊　汤雨晖
吴　玲　夏无双　戚轩瑜

河海大学出版社
HOHAI UNIVERSITY PRESS
·南京·

图书在版编目(CIP)数据

沿着运河看中国.江苏篇/贺云翱总主编;张兵本册主编.--南京:河海大学出版社,2024.6.--ISBN 978-7-5630-9132-4

Ⅰ.K928.42

中国国家版本馆CIP数据核字第2024B01M77号

(本书部分图片来源于一些博物馆、图书馆、美术馆馆藏,在此一并表示感谢。本书所引图片皆为示意,图中文字亦按原出处。)

书　　名　沿着运河看中国(江苏篇)
YANZHE YUNHE KAN ZHONGGUO(JIANGSU PIAN)

书　　号　ISBN 978-7-5630-9132-4

策划编辑　朱婵玲

责任编辑　张心怡

责任校对　俞　婧

装帧设计　红骑士设计

封面设计

出版发行　河海大学出版社

地　　址　南京市西康路1号　(邮编:210098)

网　　址　http://www.hhup.com

电　　话　025-83737852(总编室)　025-83722833(营销部)

经　　销　江苏省新华发行集团有限公司

排　　版　南京布克文化发展有限公司

印　　刷　南京新世纪联盟印务有限公司

开　　本　880 mm×1230 mm　1/32

印　　张　9

字　　数　133千字

版　　次　2024年6月第1版

印　　次　2024年6月第1次印刷

定　　价　57.00元

前言

“齐公凿新河，万古流不绝。丰功利生人，天地同朽灭。”以唐朝诗人李白这两句大气磅礴的诗来形容中华文明的瑰宝、世界文化遗产“京杭大运河”的历史意义，可谓恰如其分。京杭大运河干流流经京、津、冀、鲁、苏、浙二市四省，沟通海河、黄河、淮河、长江、钱塘江五大水系，是一条贯通我国南北水运的大动脉。大运河的开凿，是最具想象力和行动力的创举，是中国人适应空间地理、利用自然山水，不断探索求知、创新创造的伟大成就。它历经 2500 多年的沧桑变迁，绵延 1700 多公里，是世界上开凿最早、里程最长、规模最大的运河，迄今仍奔流在中华大地上，发挥着航运、水利、生态保护、沟通南北经济等诸多功能，是活着的、流动着的人类遗产，是中华文明的重要标识。

习近平总书记指出：“大运河是祖先留给我们的宝贵遗产，是流动的文化，要统筹保护好、传承好、利用好。”党的十八大以来，习近平总书记高度重视我国历史文化遗产的保护传承工作，要求深入挖掘以大运河为核心的历史文化资源，把大运河文化遗产保护同生态环境保护提升、沿线名城名镇保护修复、文化旅游融合发展、运河航运转型提升统一起来。大运河生动诠释了中华文明的连续性、创新性、统一性、包容性与和平性，传承着中华民族的悠久历史和文明，为两岸的经济社会发展提供了丰厚的文化滋养。我们应赋予大运河新的精神内涵和时代价值，让古老的大运河"旧貌换新颜"，打造展现中国形象、弘扬中华文明、彰显文化自信的亮丽名片。

沿着运河看中国，我们将从江苏踏出第一步。以长江为横轴、运河为纵轴，沿着历史的脉络，我们将跟着运河的波涛，感受江苏的水韵之美。江苏作为孕育大运河的摇篮，被运河滋润的历史最悠久，因而也是大运河沿线河道最长、流经城市最多、运河遗产最丰富、列入世界文化遗产点段最多的省份。在长期的历史积淀中，特定的地理、人文环境，孕育出中华文化中的一颗璀璨明珠——大运河文化带江苏段。诗意繁华，运河奔流。从楚风汉韵的苏北到吴侬软语的苏南，大运河江苏段全长约 690 公里，沿线城市"因运而生，因运而盛"。这些城市融汇了各地的特色物产、饮食服饰、风情民俗，留下了诸多历史人文景观，形成了绚丽多彩的江苏运河文化。千帆竞渡，百舸争流，昔日运河船只往来、热闹繁华的场景，已定格为一张张厚重的历史画片。那由"二十四桥"见证过的盛衰，那由"江枫渔火"催生出的愁绪，也永远印在人们的心中。

讲好运河故事，把大运河文化带江苏段打造成中国大运河最繁华、最精彩、最美丽的"江苏名片"。这是近年来江苏省委、省政府对大运河文化带建设的殷切希望，为此我们要增强文化自信和文化自觉，高质量推进江苏大运河文化带建设，统筹保护好、传承好、利用好大运河文化，让这一"流动的文化"更加熠熠生辉。只有真正行走在大运河上，才能深切理解大运河为什么是"流动的文化"。它不仅是一条文化带，也是一条生态带、经济带和城镇带。从某种意义上来说，大运河以两种形态存于世间，一种是地理形态，另一种是文化形态。这些文化符号存在于记录大运河的纸质文本、图片影像中，亦存在于沿线地区百姓日常的衣食住行中……它们终将成为珍贵的历史文献资料供人们研习。

为此，我们选择了经大运河哺育的江苏十三个城市，以十三个篇章展开，围绕历史人文景观、风情民俗、饮食文化等多个层面，编写了这本讲述江苏段大运河文化的书，以期让读者了解江苏段大运河文化的基本面貌，体会大运河流动的历史、永久的情怀。本书内容通俗晓畅，言简意赅，图文并茂，设计精美。然因篇幅有限，难免挂一漏万，敬请读者不吝指正。

扬州市作为大运河的原点城市，与大运河同生共长，大运河文化早已融入其血脉之中。本书从选题策划到内容编写，得到了扬州市政府、世界运河历史文化城市合作组织（WCCO）的帮助和支持，在此一并表示感谢。

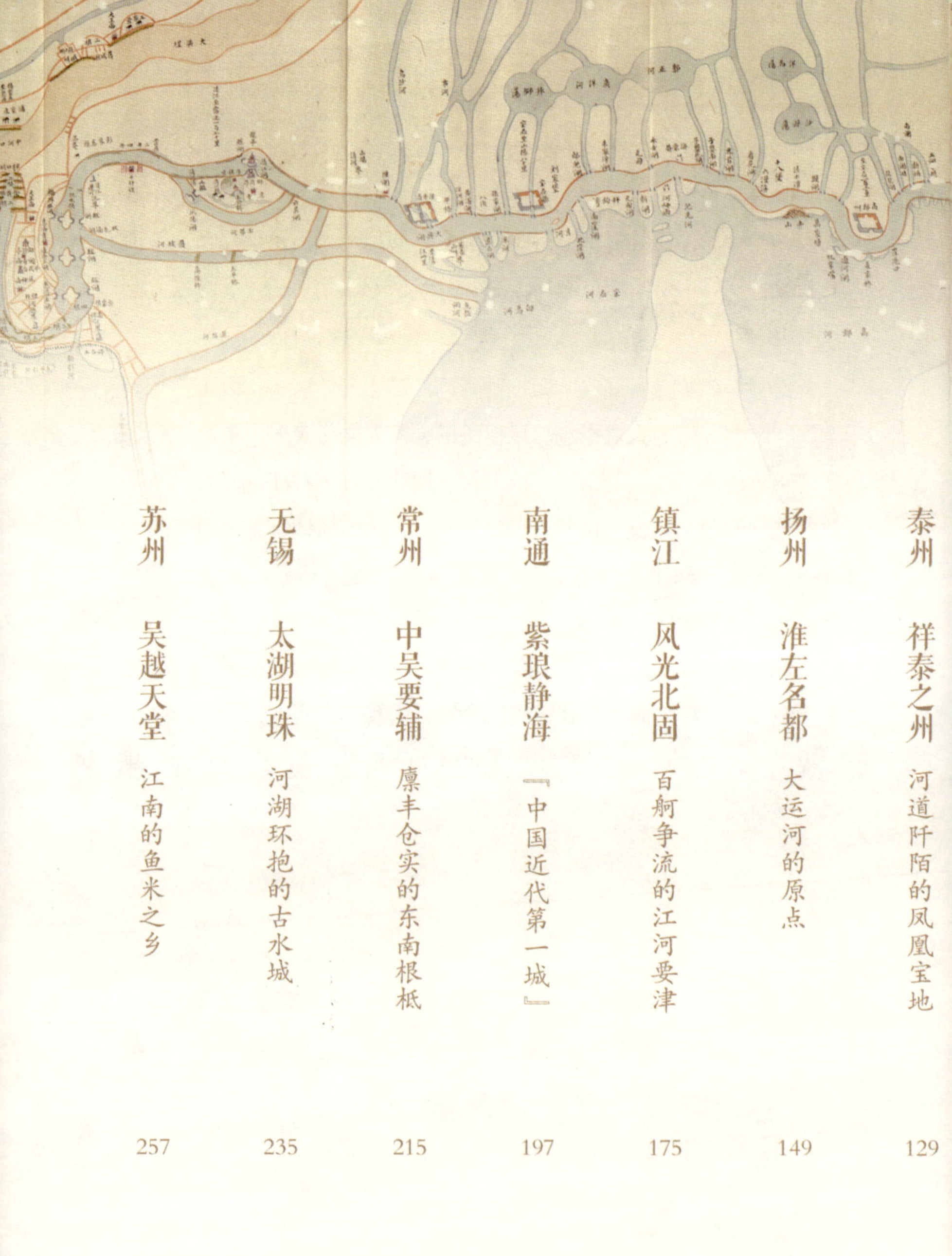

目录

棲霞
加善寺
江寧府
至金山一百三十里

南京

十朝都会

夜泊秦淮的文脉

金陵百万户，六代帝王都

世界上最古老的运河

相比扬州地区古老邗沟的开凿，南京的胥河要再早20年（前506）。它位于现今的南京市高淳区，又称胥溪河。两河的相似之处，在于它们最初被开凿都是出于军事需要。邗沟的开挖，是因为吴王夫差要进攻齐国，而胥河的开挖，则是他父亲阖闾要进攻楚国的缘故。

《江宁省城图》

该图由清代袁青绶绘制于咸丰六年（1856），右侧图序写明了此图的作图背景以及南京城的沿革。作图时袁青绶任湖南浏阳知县。图中城墙的描绘形象细致，而其余要素以文字标注，包括官署、军营、街坊、桥梁、寺观庙宇等。对于不少景点、古迹、古战场等，图中用较多的文字讲清其原委和背景。

衣冠与南渡

衣冠南渡，原指西晋末天下乱，中原士族相随南逃，中原政权和文明南迁，前后历时100余年。316年，西晋灭亡，司马氏以及众多士族不得不携家带口，南迁至建康（即南京）建都，史称东晋。

所谓衣冠，即衣和冠。古代士以上方可戴冠，衣冠因以指士以上阶级所着的服装。文天祥的“山川莫道非吾土，一见衣冠是故乡”便是这个意思。而衣冠代称缙绅、士大夫，借指文明礼教、文化风尚，则是服饰内涵的延伸。当时南京所承载的历史重任，不仅是承接中原政权政治、经济的转移，更是传承中原的文化和技艺，使得中国古代的文化重心、经济重心逐步南移。

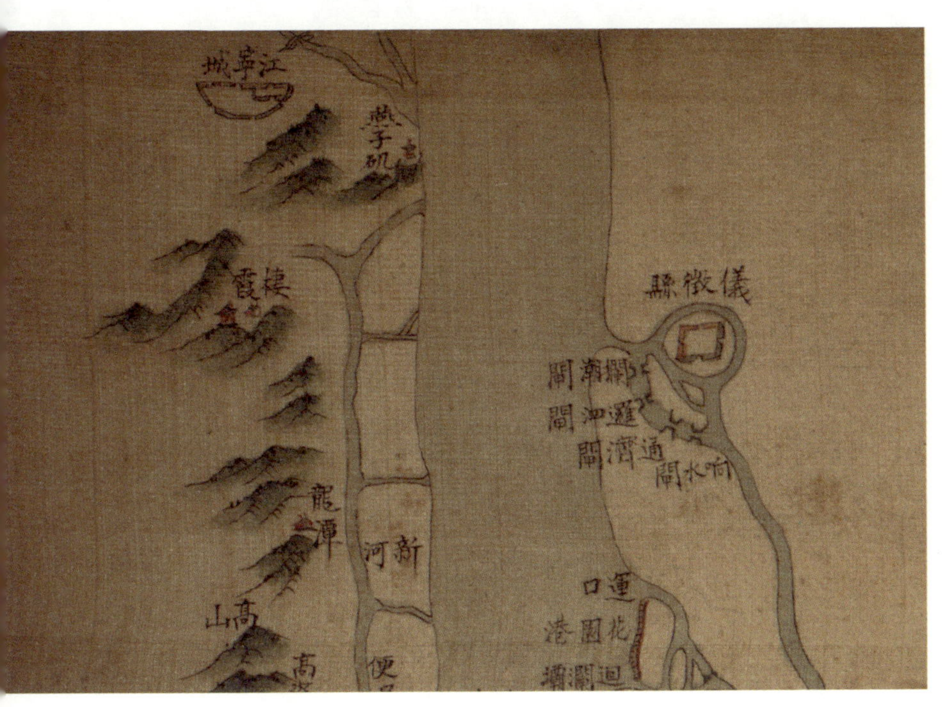

《黄、运、湖、河全图》（局部）

大运河的催生地

有人说，在南京建都的六朝都是“短命王朝”，根本不能和西安、洛阳这样的古代首都相比。尽管时间短，但南京在被叫作建康的近300年里，是名副其实的漕运中心。原本江南地区仍旧是刀耕火种的原始耕作模式，而北方的先进耕作技术的传入，促使江南完成了耕作模式以及经济的开发。粮食产量大大增加，并经由发达的水系转运至南京集散，供给王公贵族。仅南京一市，就有玄武湖、莫愁湖、石臼湖等近十座湖泊，秦淮河、胭脂河等大小河道120余条，自身便拥有一个发达的漕运系统。南京城市文化研究会会长、文史专家卢海鸣认为，经过六朝300多年的开发，江南经济异军突起，成为中国的又一个粮仓。江南经济的开发可以说是隋代大运河开凿的一个直接诱因，换言之，以建康（三国时称建业）为中心的六朝政权对江南经济的开发起到了决定性作用，南京就是大运河的催生地[1]。尽管王朝“短命”，可南京的六朝时期，却真正影响了中国文明往后千余年的发展，就这一点来说，作为古都，它与西安、洛阳相比，不遑多让。

1《南京是大运河的催生地和参与地》，载于《南京日报》2020年12月11日B1版。

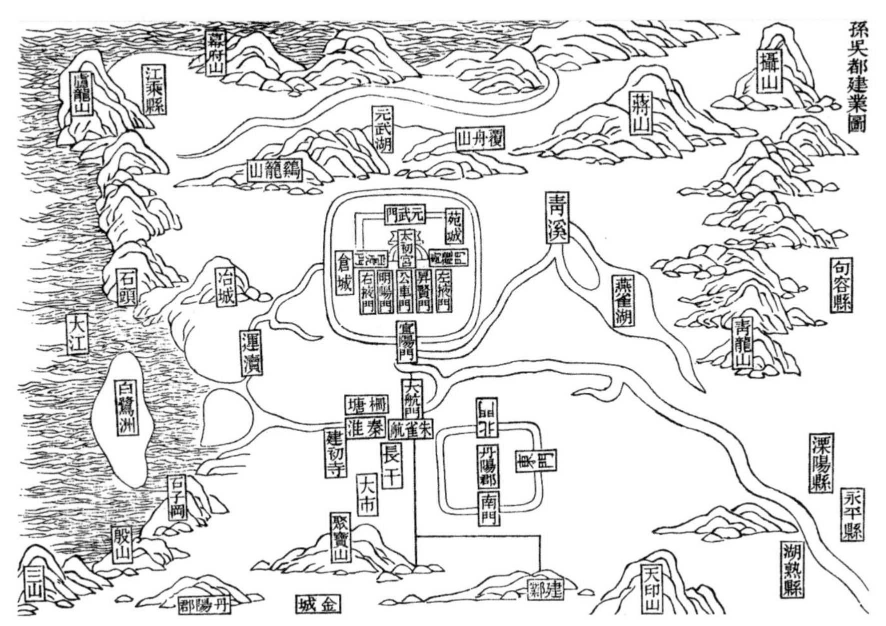

《孙吴都建业图》（引自《金陵古今图考》）

胭脂河

南京的胭脂河是朱元璋定都南京之后下令开凿、用以漕运的内河。这条河的开凿难度极高，需要在长约 5 公里、最高至 30 米的胭脂石岗上开凿。据《溧水县志》，其做法采用了热胀冷缩的原理：用铁钎在石上凿缝，将麻塞入石缝中，淋浇桐油，再点火焚烧，待岩石烧红，泼上冷水，岩石就自然开裂了，最后将石块撬碎，搬运出去。因为这种开凿的办法，山岗上的岩石带上了火烤之后的紫红色，一如女性用的胭脂，胭脂河的名字由此而来。

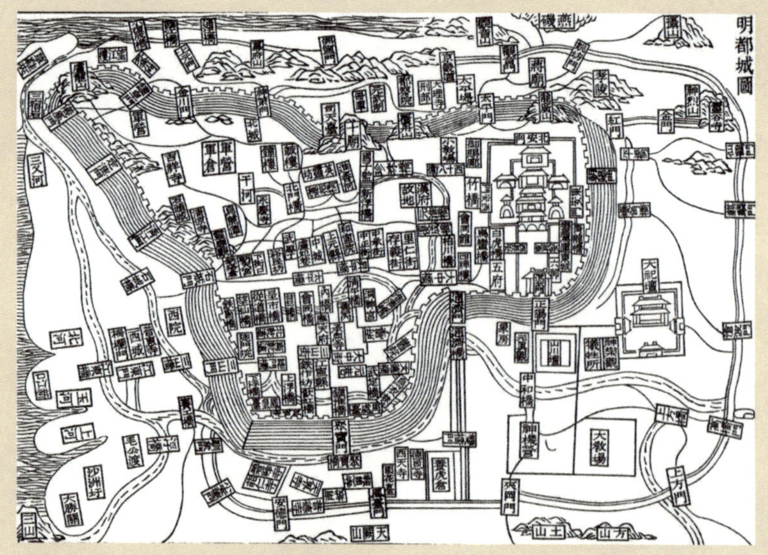

《明都城图》（引自《金陵古今图考》）

郑和下西洋

要实现郑和下西洋的壮举，少不了要造船，要造海船，造宝船。木料从哪里来？有说法是，把木材扔进长江，顺流漂荡上千里，供给江南以及东南各省份[2]。郑和七次下西洋，而东南沿海用木需求量极大，加之沿河木材砍伐殆尽，木价剧涨，宣德皇帝最后也不得不停止这项浩大的航海行动。清朝时期，清政权仍试图控制木价，但最终失败。

《天妃经》中表现的宝船形象

2参见《又见繁华·苏州传》以及《贸易打造的世界：1400年至今的社会、文化与世界经济》。

鸦片战争

1840 年，鸦片战争爆发。英军沿着海岸线，一路北上，从入海口进入长江，攻占镇江。历时两年的第一次鸦片战争，以清政府向英军求和，被迫同意与英国签订《南京条约》这样的不平等条约作为结束。英国侵略者的目标之一就是切断中国的大动脉——大运河。尽管南京不在运河沿线上，但却是东南沿海的漕粮中心。瞻园路 126 号建筑，原是明朝开国大将徐达府邸的一部分，而在清朝中后期，这里作为江安督粮道署的衙署发挥着重要的作用：掌管江南省的漕运事务。“供应京师的粮食从南京装船，航经大运河运到北京。”[3] 这里的粮道一断，紫禁城便立时没有了供给。而这一计划，早在鸦片战争爆发的前一年（1839）就被英国外交大臣纳入了考虑范围。《南京条约》签订后，英军“随即从南京撤军，京杭大运河的运输恢复常态”[4]。

3 [英] 蓝诗玲：《鸦片战争》，刘悦斌译，新星出版社，2020，第 139 页。
4《南京是大运河的催生地和参与地》，载于《南京日报》2020 年 12 月 11 日 B1 版。

Sealed by the Plenipotentiaries on board
Her Britannic Majesty's Ship
Cornwallis this twenty ninth day of August
1842, corresponding with the Chinese
date, twenty fourth day of the seventh month
in the twenty second year of Taoukwang
13
大清欽差便宜行事大臣等
大英欽奉全權公使大臣各為
君上定事蓋用關防印信各執一冊為據俾即日按照和約開載之條施行妥辦無礙矣要至和
約者
道光二十二年七月二十四日
一千八百四十二年八月二十九日

《南京条约》英方原件

江宁织造

明清时期，尤其是清朝，江南共有三大织造，分别为江宁织造、苏州织造以及杭州织造，而江宁织造因《红楼梦》的关系，成为最广为人知的织造局。《红楼梦》中，贾、史、王、薛四大家族权倾东南，而事实上江宁织造也是权倾东南的。当时，仅江宁府城区就拥有织机 3 万多台，男女工人 5 万左右，以丝织业为生的居民达 20 多万人，年产值达白银 1200 万两。朝廷御用织锦、丝绸，官员的朝服（包括胸口官补），还有龙袍，都是江宁织造通过大运河供应至北京。不仅如此，在曹雪芹祖父曹寅担任江宁织造一职时，他还担任两淮巡盐御史的工作：收缴盐税，并监督盐商的专卖。

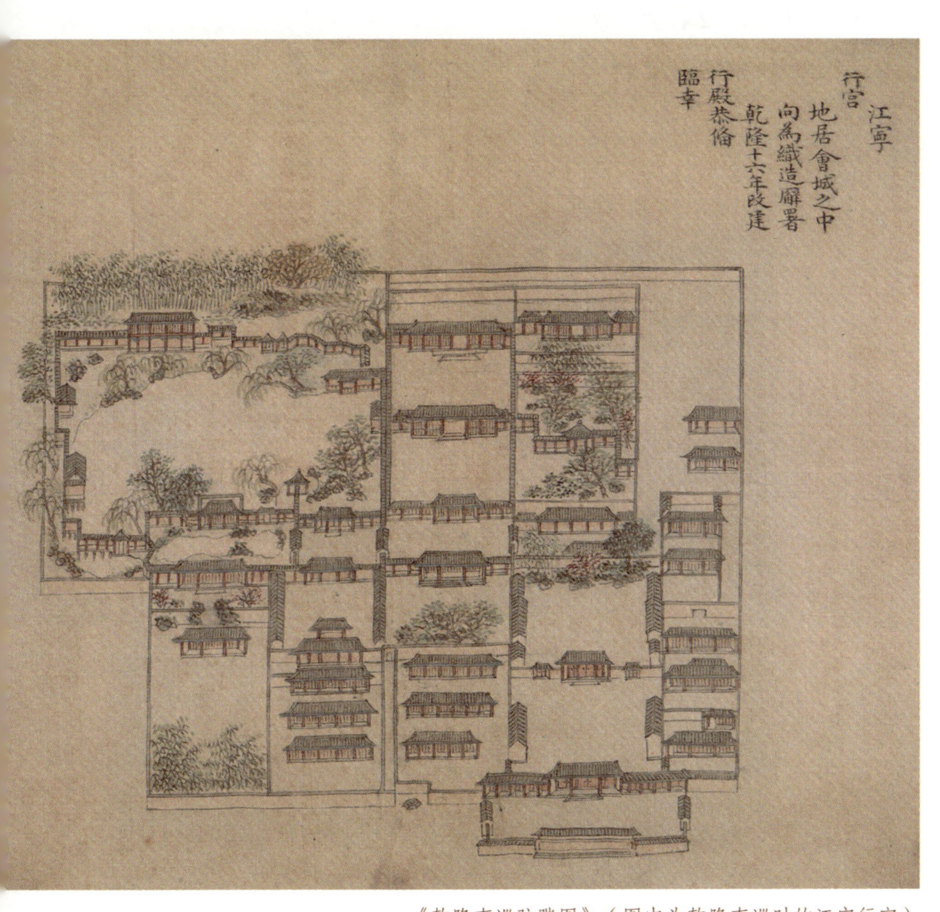

《乾隆南巡驻跸图》（图中为乾隆南巡时的江宁行宫）

此图系《乾隆南巡驻跸图》图册中的一幅，图册共有23幅图，由清代钱维城绘制于乾隆三十年至四十五年（1765—1780）。每图左上或右上均以文字标注了乾隆南巡时间、周遭风景和图的内容。

钱维城（1720—1772），字幼安，一字宗磐，号纫庵，一号茶山，又号稼轩，谥文敏。清江苏武进（今江苏常州）人。乾隆十年（1745）一甲一名进士，累官至刑部左侍郎。工绘事，擅书法。著有《茶山集》。《清史稿》有其传。

十朝都会，十里秦淮

十朝都会：因何而名

南京此地，“在周为吴，在春秋末为越，自越之后一百四十年为楚，自楚之后一百一十年为秦”，秦时有望气者，云“五百年后金陵有天子气”（〔宋〕张敦颐《六朝事迹编类·序》）。至东汉建安十六年（211），孙权于此建都，改名“建业”，南京第一次进入帝王视野。此后，东晋与南朝四代（宋、齐、梁、陈）先后建都于此，并建立起美感与实用兼具的城市格局，南京“六朝古都”之称由此而来。而所谓“十朝都会”

者，除上述六朝，南唐、明朝、太平天国、中华民国都曾定都于此。“江南佳丽地，金陵帝王州。逶迤带绿水，迢递起朱楼。”（〔南朝齐〕谢朓《入朝曲》）昔日雕梁画栋灰飞烟灭，唯余遗迹点点，使今人追忆当年盛景。

“南朝四百八十寺，多少楼台烟雨中。”（〔唐〕杜牧《江南春》）南北朝时天下动荡，儒学式微，统治者急需一种思想控制民众，而民众亦需要一种精神寄托，佛教传入中原，正迎合了这种需要。于是时人开始大肆开窟建寺，在北朝，仅《洛阳伽蓝记》一书便记述了佛寺 70 余所；而隔江而望的南朝亦不遑多让，据清朝刘世琦所作《南朝寺考·序》记载，“梁世合寺二千八百四十六，而都下乃有七百余寺”，此“都下”便是南京。如今鸡鸣寺、栖霞寺等，均始建于六朝时期。六朝时期还开凿和完善了城东南方向的破岗渎与上容渎，连接起建康城与太湖流域，使当时的建康成为名副其实的“漕运中心”。

鸡鸣古寺

鸡鸣寺始建于西晋永康元年（300）。南梁武帝在鸡鸣埭建同泰寺，并在此寺“舍身施财，以祈佛福”，四次出家，此寺由此而兴。据《六朝事迹编类·同泰寺》记载，“起同泰寺在台城内，穷竭帑藏，造大佛阁七层”，南梁礼佛穷侈极奢可见一斑。1387 年，明太祖朱元璋御题“鸡鸣寺”。今鸡鸣寺巍然屹立于鸡笼山上、玄武湖畔，每至春日，寺前小道樱花繁盛，成为近年来南京新的“网红打卡地”之一，寺内寺外赏景之人络绎不绝，为这座千年古刹增添了新的活力。

〔北宋〕李成《晴峦萧寺图》

唐李肇《唐国史补》卷中记“梁武帝造寺，令萧子云飞白大书‘萧’字，至今一‘萧’字存焉”，后人因称佛寺为萧寺。

十里秦淮河：六朝至清代，尽凝于此

若问如今的南京人应到何处去看秦淮河，大部分人都会给出一个听起来与“河”毫无关系的答案：夫子庙。今日此地的全称为“夫子庙秦淮风光带”，短短一条街就包括了夫子庙大成殿、秦淮河段、乌衣巷、江南贡院、瞻园等众多历史文化古迹。

夫子庙始建于东晋咸康三年（337），根据王导“治国以培

灯影中的夫子庙景区（潘锐之 · 摄）

育人才为重”之谏，朝廷建太学于秦淮河南岸。孔庙前设照壁、棂星门和东西牌坊，棂星门前设以半圆形水池，称为“泮池”。其主体建筑是大成殿，以清同治八年（1869）时的大殿样貌为蓝本复建，外有露台，是春秋祭奠时舞乐之地，三面环以石栏，四角设有紫铜燎炉，燃桐油火炬。祭祀多在午夜子时，光如白昼。

乌衣巷也是金陵六朝遗迹之一。西晋末年北方战乱，开启了衣冠南渡的政治进程，北方士族琅琊王氏和陈郡谢氏徙至金陵，定居乌衣巷。

江南贡院始建于南宋乾道四年（1168），经历代修缮扩建，明清时达到鼎盛。如今南京在江南贡院的遗址之上建立了中国科举博物馆，保留了部分古迹，如明远楼等。

“十里秦淮生春梦，六朝烟月荟金陵。”南京的背后，是秦淮烟月、六朝遗梦，亦有潮打空城、凤去台空。悠久的历史和浓厚的文化气息，使南京成为“四大古都”之一。

非物质文化遗产：南京云锦

南京云锦是中国优秀传统文化的杰出代表，始于南朝，盛于明清，至今已有1600多年历史。云、锦，其名中二字，无不赞其华美之貌，精细华贵，灿若云霞，因有“寸锦寸金”之誉。“江南好，机杼夺天工，孔雀妆花云锦烂，冰蚕吐凤雾绡空，新样小团龙。”（〔清〕吴伟业《望江南·本意·其十一》）南京云锦用料考究，配色多达18种，运用“色晕”层层推出主花，富丽典雅、质地坚实，花纹浑厚优美、色彩浓艳庄重，且喜好大量使用金线，以造金碧辉煌之势。

在古代丝织物中，“锦”代表着织物的最高水平。南京云锦木机妆花手工织造技艺更属织锦之首，浓缩了中国丝织技艺的精华，代表了中国丝织工艺的最高成就。南京云锦与成都的蜀锦、苏州的宋锦、广西的壮锦并称“中国四大名锦”。

盐水鸭

盐水鸭是南京著名美食，为金陵菜的代表之一。其历史悠久，长期的实践使人们积累了丰富的制作经验。南京盐水鸭鸭肉鲜嫩不柴，肥而不腻，清香可口。中秋前后桂花盛开时节制作的盐水鸭，色、味更加独特，因而还被称为“桂花鸭”，深受广大民众的喜爱。

鸭血粉丝汤

口味鲜美,粉丝软糯、鸭血滑嫩、鸭肠爽脆可口，南北皆宜，享誉全国。

桂花糖芋苗

光洁的芋苗口感润滑爽口、香甜酥软，汤汁呈酱红色，鲜亮诱人，佐以桂花，浓郁的香气留于食客唇齿之间。

奶奶山
山東南頭
沙河口
青口
海州
大伊山
板浦
小伊山
芦伊山
潮河口
茄枝港
安東
沐陽
贛榆
安東衛
重興
雙金閘
王家營
楊庄
日照
郯城
沂州
宿遷
桃源

连云港 东海名郡

“一带一路”的东方桥头堡

或许能称连“运”港

海州

连云港古称海州，北朝东魏武定七年（549），考虑到连云港地区“北控齐鲁，南蔽江淮”的区位优势，置海州，辖六郡十九县。海州自此成为苏北、鲁南沿海地区的政治、经济、文化中心和军事重镇。

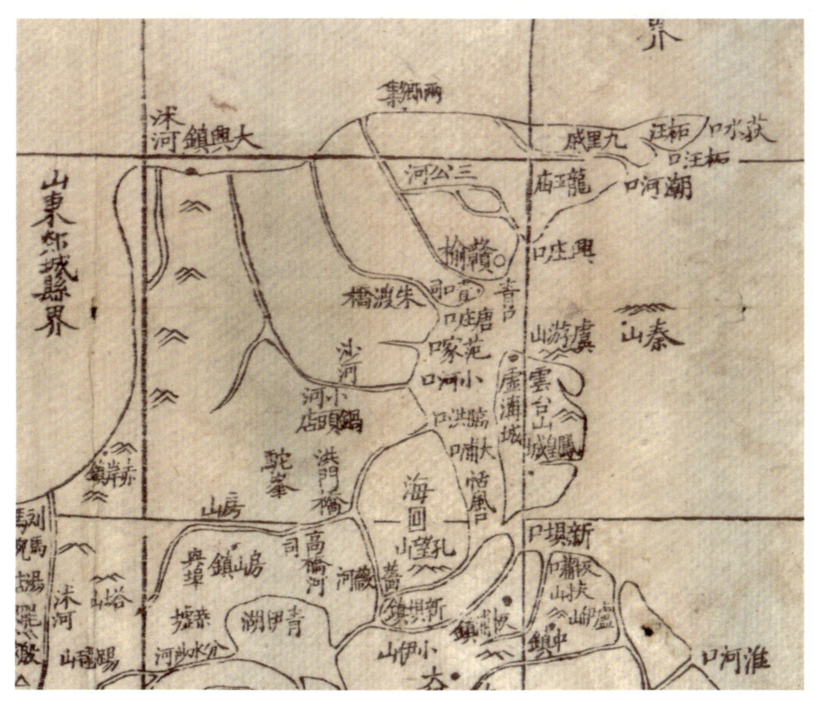

《江苏全图》（连云港局部）

《江苏全图》成图于清同治三年（1864），描绘江苏省所辖八府、三厅、三直隶州、三州、六十二县等行政区划及境内河道、湖泊、沿海诸岛屿之分布。本图为《皇朝直省地舆全图》套图之一，全套图是在康熙以来绘制全国政区舆图的基础上，参考胡林翼（1812—1861）主持编绘的《大清一统舆图》完成的。

新罗人

在唐代，海州开凿的官河，沟通了运河与海港，使海州的海港成为繁华的商港、南北货物集散的码头和补给粮饷的军港。在此之后，这里也成为中国对外交流沟通的重要港口，许多新罗侨民（即从朝鲜半岛来的侨民）来此交流经商，甚至在此建立村落居住[1]。

1曲金良主编《中国海洋文化史长编·魏晋南北朝隋唐卷》，中国海洋大学出版社，2013，第420页。

崔致远像

崔致远(857—?),字孤云,号海云,谥文昌,是朝鲜新罗时期的著名汉学家,也是朝鲜半岛文学史上非常重要的人物。唐咸通九年(868),崔致远从新罗乘商船入唐。当时,唐朝科举允许外国人参加,崔致远在长安学习六年后进士及第,876年被任命为溧水(今南京溧水)县尉。884年,经唐僖宗同意,崔致远自扬州出发,乘船沿运河北上,由海州(今连云港)出海,回到新罗。今扬州建有崔致远纪念馆。

盐河

古称官河、串场河，位于江苏省东北部。垂拱[2]四年（688）开漕，“长一百三十八里，宽八丈。上通清河之盐河，下通板浦，为淮北之场盐运之道”[3]。宋代，朝廷为了加强涟州、海州等地区的海盐外运，又将涟水联并进这一水系中，于是又名通涟河[4]。清初，淮南因为远离海岸，逐渐“海远卤淡”，新浦（今属连云港市海州区）地区逐渐变成淮北盐业集散中心[5]。淮北连云港的板浦、中正、临兴三个盐场逐渐兴旺，盐运繁盛。清康熙二十六年（1687）重加开浚，用以转运淮北盐内销，官河也因盐运频繁而易名盐河，一时间，盐河上“官舫估舶，帆樯相望”。今盐河起于淮安市淮阴水利枢纽，东北行，贯通六塘河、灌河、

2垂拱，唐睿宗李旦年号，但实际为武则天掌权，故一般算作武则天的年号。

3灌南县地名委员会编《江苏省灌南县地名录》，1983，第161页。

4张强：《中国运河与漕运研究 元明清卷》，世界图书出版公司，2021，第419页。

5《中国地理概览》编写组编《中国地理概览》，东方出版中心，1996，第496页。

新沂河、五图河、车轴河、古泊善后河达于连云港市海州区，汇于临洪河，长 175 公里。

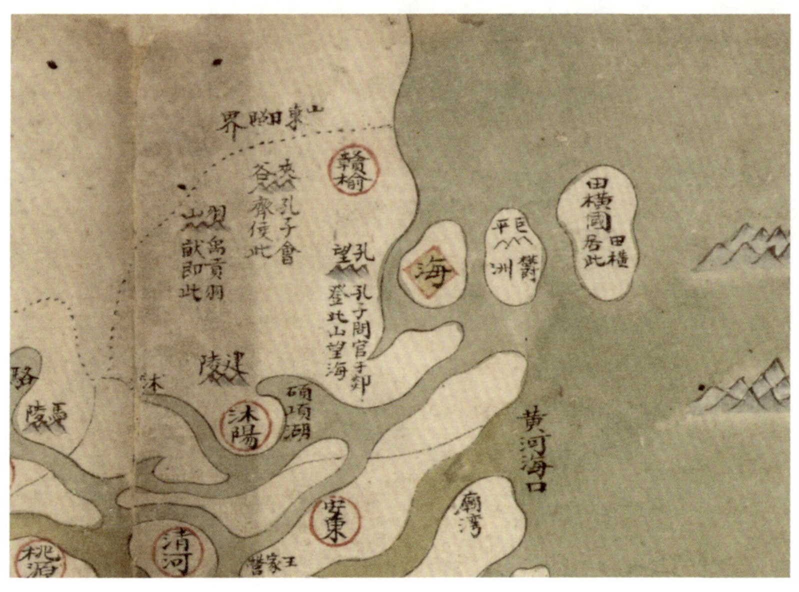

《大清分省图》（江苏局部）

《大清分省图》成图时间大约在乾隆十九年至二十五年（1754—1760），图册题名为《大清分省图》，可能是依内容而定，补记于书套封面，其上后补钤“和顺斋制”。图册由总图和盛京、直隶等十八省图组成，共十九幅。各图不注图名。上面的江苏局部图中，标记方形“海”的位置，即当时的海州（今连云港）。

盐与连云港

盐河有此名，就是因为连云港与盐息息相关，在不允许私人产盐的古代，连云港作为淮北盐的生产基地之一，生产和运销盐的体系都非常成熟，它与淮安、盐城等地，构成了一个运河盐文化的网络，盐成为运河上的大宗漕运物资之一，为国家带来了巨大的财政收入。

海运

隋唐以后，每一朝的衰亡，都伴随着漕运的凋敝。而新一朝的统治者也总会重新整治运河，让它重新获得漕运的能力，但元朝时期却不太一样。至元元年（1264），也就是忽必烈称帝后的第四年，他派郭守敬[6]修浚西夏境内的古渠[7]。郭守敬任职期间不断上书，建议开凿通向北京的运河进行漕运，但忽必烈并不关心，也没有采取具体的行动。到了至元二十八年（1291），郭守敬担任都水监，负责修治元大都（即北京）到通州的运河，运河用一年时间完工，也就是现在的通惠河。但在这近 30 年的时间里，江南通往北京内河的漕运功能不足，于是元朝皇帝就通过海运的方式进行漕粮运输，连云港便是其中的中转站[8]。至元三十年（1293），郭守敬完成运河的修建，但有元一朝，海运成了江南漕运的主要方式。

元代海运示意图

图中右侧虚线，即为元代海运的三条航线。

6 郭守敬（1231—1316），字若思。顺德邢台（今属河北）人。元朝著名天文学家、数学家、水利工程专家。

7《元史·郭守敬传》云：“二年，授都水少监。守敬言：‘舟自中兴沿河四昼夜至东胜，可通漕运，及见查泊、兀郎海古渠甚多，宜加修理。’”

8《元史·食货志一》云：“初，海运之道，自平江刘家港入海，……历西海州、海宁府东海县、密州、胶州界，……凡一万三千三百五十里。”

滚水坝

滚水坝，顾名思义，超过承载量的水会自行“流滚而出”。盐河的滚水坝主要由石料筑成，要求坝脊高于河底五尺、低于盐河西岸民田一尺。因为载重的船只航行需要四尺深水位，而筑滚水石坝可蓄水五尺深，足够满足航运需求。水位超过滚水坝坝顶时即自行流出。

乾隆十一年（1746），卫哲治根据明代绍兴知府汤绍恩于三江海口建闸、竖立测水牌的经验，上书两江总督尹继善，建议在盐河东岸武障河、项冲河、义泽河、六里河、东门河、牛墩河等六条河道口门原有草坝旁各建滚水坝一座，并竖立测水碑，超过水位线就开滚水坝，既利民田，也利水运。清朝后期，滚水坝多次淤积失修，当地百姓不断抗争，甚至状告官府。这一细节也折射出了清政府治理能力的日渐衰退。

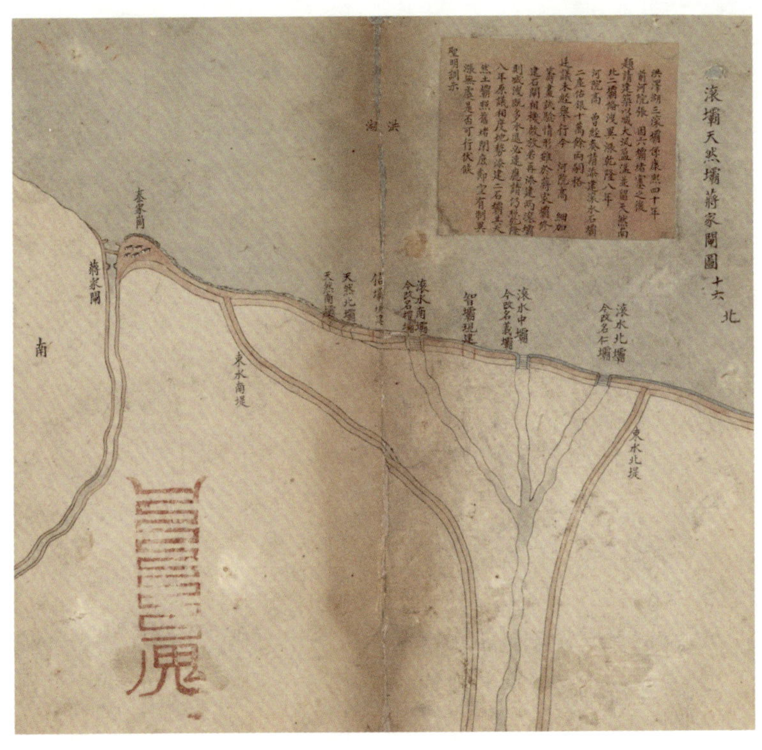

《黄河下游闸坝图·滚坝天然坝蒋家闸图　十六》

《黄河下游闸坝图》主要描绘南流黄河江苏段各闸坝、堤坝情况。图册成于清乾隆年间，册名依照所收录的20幅绘图题目而定，原名佚失，作者名亦不可知。

新时代水路新起点

“花果山福地，水帘洞洞天”

唐宋人称南云台山为苍梧山，北云台山为东海山，明代始合称云台山。而这苍梧山现今有个更为家喻户晓的名字：花果山。这花果山就是小说《西游记》中花果山的原型地。花果山集山石、海景、古迹、神话于一身，主峰玉女峰海拔 624.4 米，是江苏省内的最高峰。花果山水帘洞位于三元宫东一里多处，明海州人顾乾曾列“云台山三十六景”，其四“神泉普润”即描写了水帘洞景色。据其描述，水帘洞“洞中石泉极浅，而冬令不竭，其水甘美，相传为三元修真之所”。句内“石泉”指“灵泉”，是直接在山体内凿出的泉，民间传说灵泉的井眼可直通东海龙宫。面对水帘洞洞天，顾乾作诗道：“地脉苍溟接，天源河汉通。相看喷薄处，烟雨落空蒙。”（《云台山三十六景》）

1977年，时任连云港市博物馆馆员李洪甫写出首篇关于花果山的专论——《云台山、吴承恩与〈西游记〉》，考证连云港云台山为《西游记》中花果山的原型。他还提供了发现于海州的材料《射阳先生存稿》，考证吴承恩的确到过古海州地区。经过他的努力，《西游记》中花果山的原型就是连云港云台山获得了学术支撑和普遍认同。

连云，连云，连的是什么“云”？

山海连云，海天无际，连云港古称“海州”。1933年，陇海铁路终端港建成，因面向连岛、背依云台山，故取名“连云港”。早在龙山文化末期，云台山区域已有人类活动，出现了藤花落古城。南朝梁萧子显《南齐书·州郡志》记载：“郁州在海中，周回数百里，岛出白鹿，土有田畴鱼盐之利。”宋苏轼有诗云，“郁郁苍梧海上山，蓬莱方丈有无间”（《次韵陈海州书怀》），古时的云台山位于海上，仙气缭绕，宛若传说中的蓬莱一般。清康熙七年（1668）郯城地震，海水逐渐东退，板浦与朐山、云台山间的海峡逐渐淤塞成陆。乾隆初，黄申瑾绘《云台二十四景图》，其第二景“沙堤接引”，即指海峡淤塞后至当时已经形成了通往云台山的陆路。今云台山以山称奇，以海叫绝，群山逶迤，绿水长流。山内有万寿幽谷、枫树湾、蓬壶仙境、云台石林、悟道庵等景，因水谓妙，因古显幽。

黄申瑾《云台二十四景图·其二·沙堤接引》

梵音的“中转站”

云台山中原有寺多座，其中以法起寺最为兴盛，号称“淮海第一丛林”。三国时，有西域康居国高僧康僧会于吴赤乌年间先到建业，东吴国君孙权为之建塔，建“建初寺”，江南地区始有佛寺。后康僧会至宿城法起寺传经授法并圆寂于此。法起寺此名也取“佛法起源”之意。法起寺原有鹫峰塔，为西域梵修人墓葬。寺院至明清达鼎盛，顾乾在其《云台山三十六景——山寺晨钟》中写道：“法起寺在宿城山中，自汉创建，丛林极盛。晨钟暮鼓，清梵远闻，为清修胜地。”日本高僧圆仁和尚曾在这里留下足迹；新罗人更是将法起寺所在地——宿城当作自己的第二故乡。

法起寺在1938年毁于日军飞机的轰炸。1963年当地人民于原址上建起水库，原迹已不存，今法起寺为2006年重建。法起寺虽已泯灭于历史的长河中，但连云港仍留有其些许遗迹，似要留住穿越时空的点点佛音，也为研究佛教东传与海上丝绸之路的起始提供佐证。如留仙泉，相传为“汉僧会尊者留仙饮泉处”，并有“留仙泉”摩崖石刻文字传世；振亚桥，位于虎口岭处，是民国时法起寺住持振亚为便于信徒朝山进香而在主通道处修建的石桥，桥与碑刻均存。法起寺和海州孔望山佛教摩崖造像共同见证了海上丝绸之路这一佛教传入的另一条路径。以法起寺为中转站，佛法再度远渡重洋，传向日本、韩国等地，为今日连云港“一带一路”东方桥头堡的地位作了历史积淀，更鼓励着连云港人坚定开放信心，协同奋进。

非物质文化遗产：海州五大宫调

海州五大宫调是指流传在连云港及周边地区的一种古老的民间音乐演唱形式。它以“软平”“叠落”“鹂调”“南调”“波扬”五个曲牌为主要唱腔，其艺术代表着曲牌体传统民歌集群的成就，是我国明清俗曲的一份珍贵遗产。

海州五大宫调按照曲牌内容来划分，可以分为大调和小调两类。大调的旋律多轻柔细腻，节奏缓慢，唱词典雅华丽，字少腔多，以抒发情感为主，演唱者在表演时有一唱三叹之感。小调的特点与大调截然相反，以起、承、转、合四句体为结构，节奏较为鲜明轻快，字多腔少，长于叙事。

明清时期，随着两淮盐业的兴盛，大运河盐运南来北往，一方面，地域的连通促进艺术的交融，使海州五大宫调得以广泛吸收江淮民间小调而渐趋成熟；另一方面，汇聚于当地的一些盐商富贾和文人墨客对海州五大宫调给予了高度的关注，使之提升到一个新的高度，逐渐形成今日的样貌。

爆乌花

爆乌花是在厚薄均匀的墨鱼表面用麦穗刀加工后，用三至四成油温油爆而成的菜肴。成品刀工精细，洁白美观，脆嫩爽口。

赣榆清蒸梭子蟹

连云港海域盛产梭子蟹，每年春季为梭子蟹繁殖期。此时蟹体壮肉肥，是品尝梭子蟹的最佳时期。人们常选用连云港赣榆区海头镇特产梭子蟹，其讲究食材本身的鲜美，清蒸梭子蟹最受欢迎。

蟹黄鱼肚

蟹黄鱼肚选用海味八珍之一的鱼肚，与连云港盛产的海蟹相配，后经炝锅、炒制，成品的蟹黄鱼肚色泽黄亮，汤汁浓郁，入口软滑鲜嫩，唇齿留香。

龍泉寺
焦山
奎山
雲龍山
戶部山
石狗湖
藕堤
韓家山
七里溝
石工
誌樁
出頭山
土山
陵山口
茶亭
荊山橋

兼收并蓄的黄金水道

自古彭城列九州

逝者如斯夫

春秋晚期，泗水吕梁洪，急流似箭，猛浪若奔。孔子带着弟子特地来观看吕梁洪水，据说那句流传千古的“逝者如斯夫，不舍昼夜”，即是孔子在此有感而发。吕梁洪位于徐州城东南50里处的吕梁山下（今坷垃山），因处在古吕城南，且水中有石梁，故而有其名。吕梁洪分为上下二洪，绵亘七里多。元时赵孟頫曾如此形容船只过吕梁洪时的艰难：“……舟行至此，百篙枝柱，负缆之夫，流汗至地，进以尺寸计，其难也乃几于登天。舟中之人，常号呼假助于神明。”[1] 早在汉代以前，吕梁洪和百步洪就是泗水上的险滩，故史志中有“自汉唐来，粮运皆避之”的说法。南宋建炎二年（1128）黄河夺泗入淮，至金明昌五年（1194）“北流绝，全河皆入淮”，此后水流较前更为湍急险恶。京杭

1〔元〕赵孟頫《关尉神祠碑铭》。

大运河全程约1800公里，其中徐州市拥有约181公里河道，为大运河流经8省市之中大运河长度最长的地级市，不仅如此，徐州还处于汴、泗、黄、运四河交错之地，交通极为发达。这样便捷的水利条件，为徐州带来了繁荣，为徐州留下了大量的文化遗迹和名人逸事。为保证漕运畅通，1604年，朝廷下令绕过黄河徐州段两处激流——百步洪和吕梁洪，自夏镇（今山东微山县）东十里李家口引水，开河经韩庄再合泇、沂诸水，至邳州直河口入黄河，此即泇运河。孔子感慨“逝者如斯夫”的吕梁洪渐渐淤废，淹没于黄河故道之中。

由徐阶作记、文征明书写、韩邦奇篆额的《疏凿吕梁洪记》碑

五省通衢

五省通衢，是清代人们对徐州地理位置的总结，所谓五省，就是直隶（北京）、山东、河南、江南（今江苏与安徽）、浙江这五个清朝时期的行政区域。徐州位于京杭大运河中段，其地理位置非常重要，是兵家必争之地。历史上许多著名的战争，都发生在徐州。实际上，据史念海先生考证，除运河外，还有八条重要陆路以徐州为中心辐射开去。

1. 西经睢阳至洛阳达长安诸地。

2. 西北经山阳，以至定陶。

3. 经蕃、薛，北行至鲁国达济南诸地。

4. 经东海东北行，以至琅琊。

5. 经淮阴循邗沟南行至广陵，渡江达于会稽。

6. 经临淮、阴陵、东城南行，自丹阳渡江，以至江东诸郡。

7. 西行可至陈国淮阳。

8. 西南行渡淮，以至九江、寿春。

“借黄行运”

徐州的运河与黄河息息相关。早在南宋绍熙五年（1194），黄河因在阳武决口改道，侵汴夺泗，流经徐州而入淮河。经元代贾鲁治理，黄河独经徐州，大运河徐州段完全是“借黄行运”，徐州遂成漕运重地。

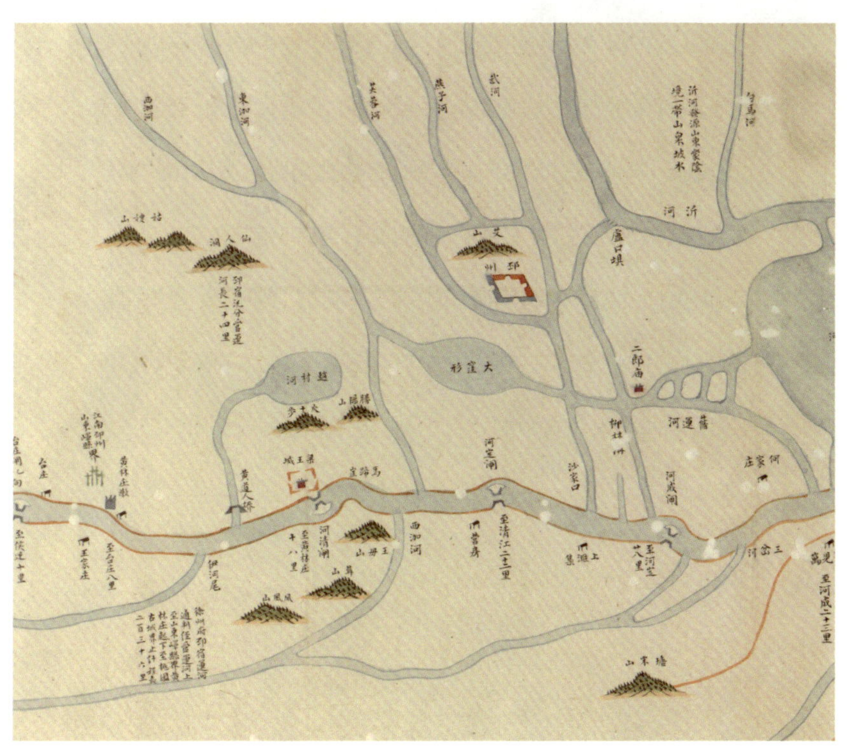

《自江苏至北京运河全图》(局部)

图中大致绘制了泇河的流势，其源头有二，东泇河自苍山(今山东兰陵县)、费县交界处山区而下，西泇河源于枣庄市东北。两河在三合村汇合后，向南至邳州汇入黄河。

窑湾古镇

窑湾古镇位于京杭大运河与江苏第四大淡水湖骆马湖的交汇处，在明清时期，成为京杭大运河的主要码头之一，诗句“日过桅帆千杆，夜泊舟船十里”便是在描述当时窑湾古镇的繁华景象。这里因河湖交汇的特殊地理位置，盛产特有的黑色淤泥。靠山吃山，靠水吃水，当地人将淤泥烧制成黑陶，制作陶缸、陶罐盆等生活器皿。古镇上分布着方圆达 20 余里的窑群，这就是此地被称为窑湾古镇的缘由了[2]。

2 邳州地方志记载了窑湾繁荣时的盛况：“窑湾，邳宿错壤，绾毂津要，一巨镇也。昔者，漕艘停泊，帆樯林立，通阛带阓，百货殷赈，奉使过客之往来，或舟，或车，胥宿顿马。繁富甲两邑，大腹贾辇金而腰玉，倚市之女，弹筝砧屣，有扬、镇余风。”晚清时期，窑湾设有 18 个省的会馆，开设钱庄、当铺等 600 多家，有“苏北小上海”之称。

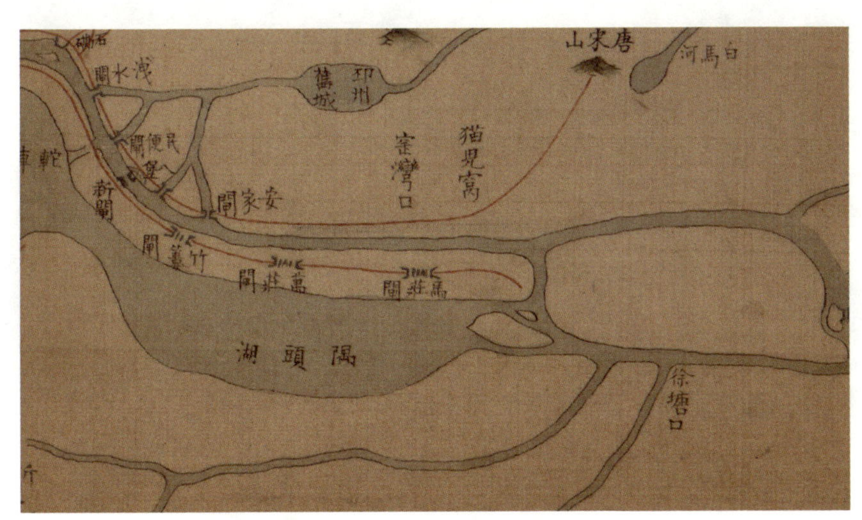

《黄、运、湖、河全图》（局部）

徐州钞关

15 世纪末，朝鲜人崔溥在其著作《漂海录》中称："江以北，若扬州、淮安，及淮河以北，若徐州、济宁、临清，繁华丰阜，无异江南。"明代前期徐州段运河上过往商船数量众多，于是商船税收收入成为重要的财政来源，政府在这些客商辏集处设钞关，"于是有漷县、济宁、徐州、淮安、扬州、上新河、浒墅、九江、金沙洲、临清、北新诸钞关，量舟大小修广而差其额，谓之船料，不税其货。惟临清、北新则兼收货税，各差御史及户部主事监收"（《明史》卷八十一）。徐州钞关由徐州户部分司负责，专门征收商品流通税。此外，还设立负责征收船料税的吕梁洪工部分司，"自南京至通州，经淮安、济宁、徐州、临清，

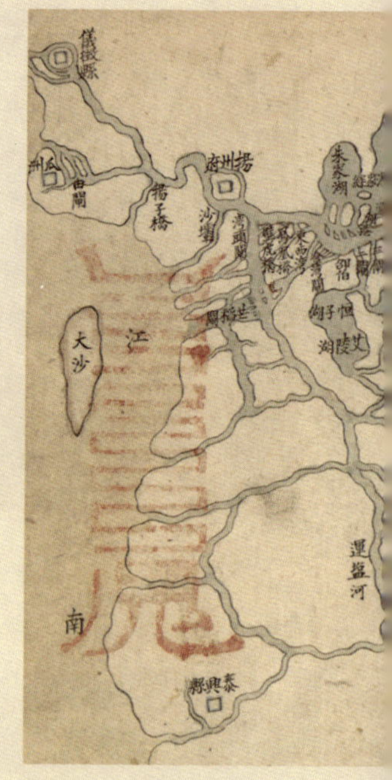

每船百料，纳钞百贯”（《明史》卷八十一）。由徐州运河钞关的设立，可见明代前期徐州商船数量之多以及商品经济的繁荣。

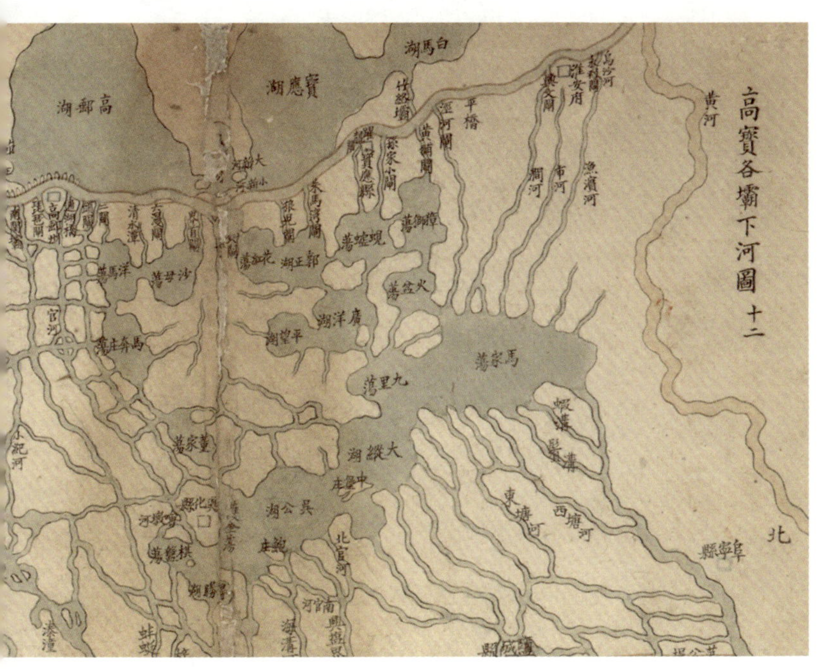

《黄河下游闸坝图·高宝各坝下河图 十二》（局部）

“五省通衢”牌坊

徐州因其卓越的水陆地理位置而被称为“五省通衢”。今人若想在徐州城内探得当年阡陌交通之掠影，自可去徐州北门武宁门外、故黄河南岸寻一牌楼。牌楼建于清嘉庆二十三年（1818），是时任河道总督、清代的治河名臣黎世序为庆祝治理黄河功成所建，牌楼北面一侧有黎世序所书“大河前横”四字匾额，意为黄河在其脚下流淌。清光绪九年（1883），徐州道台赵椿平在重修黄河牌坊时，于匾额南面书写了“五省通衢”四个大字，始成今日样貌。

实际上，大运河并不流经牌坊周围。但因天然的汴水自西而来，泗水自北而来，两水交汇于徐州城东北角，徐州的运河交通由来已久。早期的徐州运河更多的是满足军事上运送粮草的需要，徐州的发展也具有浓厚的军事色彩。元朝时将京杭大运河全线贯通，连接海河、黄河、淮河、长江和钱塘江五大水系，徐州属于“济州河”段。此时的徐州向北可借泗水行运抵达济宁；

向南可借黄行运，顺水放舟，南至长江，有诗云“伊昔黄河与清泗，合为一水通郡城”（〔明〕陈琏《吕梁洪》），可见徐州的水运地位，大抵如此。

老照片中的“五省通衢”牌坊

“四方来客”驻彭城

窑湾古镇的四方会馆

窑湾古镇始建于唐代，来自四面八方的商贾汇聚于此，“漕艘停泊，帆樯林立，通阛带阓，百货殷赈”（〔民国〕窦鸿年《邳志补》），古镇因运河而兴。为了在他乡异客间找寻乡里，摆脱形单影只的局面，不同地方的商人在此建起了风格迥异的会馆，成为窑湾镇独特的风景线，也是这座苏北古城会四方来客、兼收并蓄的见证之一。

窑湾诸会馆，首推山西会馆。明清时晋商之名随其脚步传遍天下，晋人背井离乡来到此地，见窑湾有关帝庙与古槐，遂在此定居下来。传言古槐树下有汉末名将关羽的喂马槽与磨刀石，晋人以同乡之名，祈求关公保佑，由此，七家晋人集资将会馆修建于庙旁。经几代人扩建，会馆拥有孔圣殿、岳王殿、钟鼓楼等。会馆在当时不仅护佑晋人，还会保障其他地方商人财物安全，周围夜市、玩乐之所应有尽有，因而名噪一时。

清康熙初期，苏州、镇江、扬州三地商人来到窑湾，在此建立了一所“苏镇扬会馆”。会馆为四进四合院落，青砖乌脊，

山西会馆

颇具江南特色。会馆早期开设粮行、盐行，至民国初，经营粮食、土特产销往欧美五国，开设火柴公司、祥记英美纸烟煤油公司，批发零售五洋百货。此外，会馆还致力于文化教育和慈善事业，出现了一大批名人。

江西人经商，在 900 多年前就已有名气。雄厚的财力、物力支撑，使赣商在全国各地建立起他们的标志性建筑——万寿宫。清康熙三十七年（1698），七家江西商人合资建造江西会馆，即窑湾古镇的“万寿宫”。江西会馆以经营中药材和中成药为主，当时古镇的大小中药店均由该馆的药商开设。他们把外地的中药运入江西会馆，零售、批发或加工成中成药出售，且乐善好施，以至当时有“穷汉吃药，富人还钱”之说。岁月无情，如今的江西会馆除药房九间门面保存基本完好之外，其余古建筑已无踪迹。

窑湾古镇中的会馆还有福建会馆、山东会馆、安徽会馆等。除此之外，镇中尚有吴家大院、大清窑湾邮局、东西两大典当等古建筑遗存。

非物质文化遗产：徐州香包

香包，又称“香囊”，俗称“香布袋”。制作和佩戴香包的习俗在中国由来已久，它是以男耕女织为标志的古代汉族农耕文化的产物，是汉族传统的民间工艺品。汉乐府长诗《孔雀东南飞》中有“红罗复斗帐，四角垂香囊”，汉时徐州已有香包出现，发展至今，徐州香包已名传天下。

香包制作工艺比较独特，尤以绣工精美见长，图案繁多，生动活泼，且以新、奇、美、真为特色，形状敦实淳朴，色彩明艳，做工华美，立体造型栩栩如生。香包常以民俗寓意的吉祥祝福图语为内容，间或有简洁夸张的花草纹案。香包在佩戴方便、外形美观多变的同时还兼具药用价值，这也是其从古至今受人青睐的原因之一。制包人往往选取数十种散发自然芳香，又具有养气调神、辟邪功用的中药材，经过特殊加工，填充于香包内。徐州本地所产香包融合了徐州的地域特色，整体上生动、简洁、粗犷、质朴，极具装饰性，局部刺绣精致细腻，神形兼备，惟妙惟肖。

饣它汤

饣它汤相传已有4000多年历史。“饣它”读“shá”，音同“啥”，属于有音无字。正宗的饣它汤需要准备五种主料和十几种辅料，食客点单后，主厨会先朝碗里打一个鸡蛋，再舀勺汤一浇，碗面即刻浮起金黄色的蛋丝，汤汁入口软糯滋润，鲜美醇香。

把子肉

把子肉的含义与民间所说的拜把子有关，制作时需将各种辅料捆绑，调料配置得当。把子肉成品肥瘦相间、肉皮软糯，入口肥而不腻，滋味醇厚。

蜜三刀

蜜三刀是徐州当地特产糕点八大样之一，其浆亮不黏，味道香甜绵软，芝麻香味浓厚。蜜是饴糖，是由大麦等粮食经发酵糖化而成，所以这种小吃又被称为“蜜食”。

宿迁

第一江山春好处

霸王故里

两京之间的咽喉要地

宿预

宿迁在唐代初期叫宿预县。唐开元二十三年（735），“城为水漫，州治南移，县治北徙”，州即泗州，治所南移至“临淮县”，县即宿预县，治所北徙至项羽的出生地——下相古城。后来为避唐代宗李豫的名讳（预通豫，所以需要避讳），改名为宿迁，即指“宿预县迁城”之意[1]。今宿城区内，就有“下相城”“宿预城”两处古城遗址。

1此说参考《古代宿迁城址迁移考略》，载于《刘云鹤学术文集》，西泠印社出版社，2007。

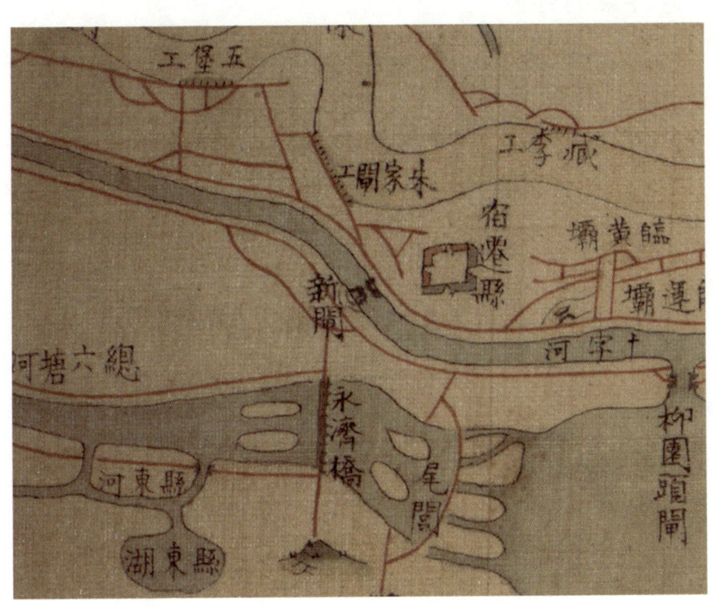

《黄、运、湖、河全图》（局部）

通济渠的终点

“北望齐鲁，南接江淮，居两水中道，扼两京咽喉。”这是对宿迁城市地理的准确描绘。隋大业元年（605），隋炀帝下令召集河南、淮北民工 100 多万人开凿通济渠，因为河道经过的今宿迁泗洪县部分地势低洼，大业三年（607）又重新开凿，改道临淮县入淮河[2]，至此，通济渠才正式通畅。唐朝诗人皮日休有诗赞曰：“尽道隋亡为此河，至今千里赖通波。若无水殿龙舟事，共禹论功不较多。”南宋时期，朝廷南迁，对通济渠的治理也逐渐减少，运河河床逐渐淤塞断流。仅宿迁泗洪段的老汴河（30 多公里）如今还保持着通济渠的原貌。

2张强：《中国运河与漕运研究 隋唐卷》，世界图书出版公司，2021，第 89 页。

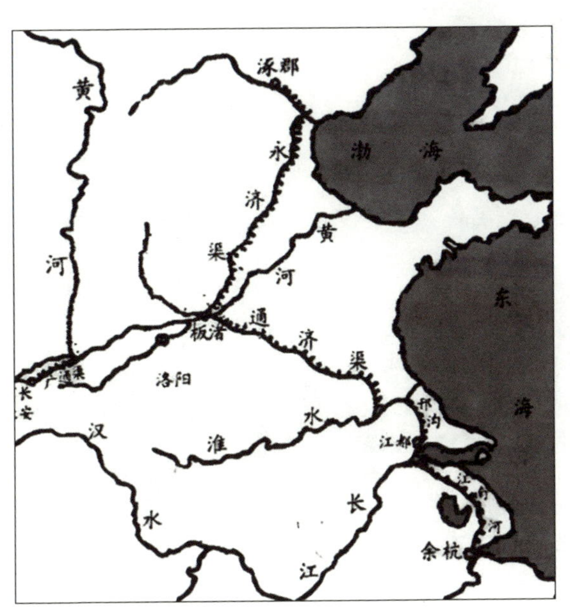

隋朝的通济渠与永济渠

废黄河

江苏是全国唯一拥有大江、大河、大湖、大海的省份。大江自然指的是长江，大湖指太湖、洪泽湖等湖泊，大海也不用说，江苏本就临海，而大河便是指黄河了。从南宋到清朝咸丰年间，黄河曾有 661 年的时间流经江苏入海。咸丰五年（1855），黄河改道，重回泰山之阴的河道。而在之前的数百年间，黄河是横穿宿迁境内的。

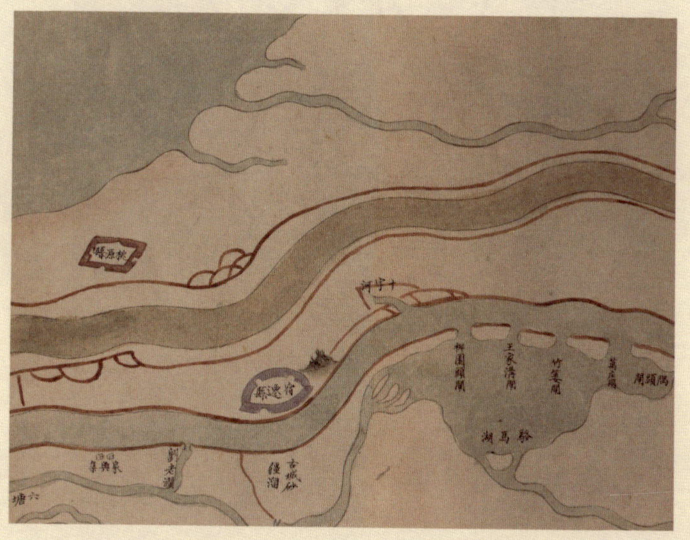

《全漕运道图》（局部）

《全漕运道图》图题下有落款：“光绪甲申仲春 段必魁谨绘。”段必魁清史无传，生年不详，仅知其光绪十五年（1889）任襄阳卫守备，光绪二十二年（1896）病卒。图中绘于宿迁县上方的黄色河段便是横穿宿迁境内的黄河故道。

皂河镇

“其地前控大河，后临运道，洪流湍波，远近奔汇，号为最险。”[3] 这是皂河镇安澜龙王庙里乾隆帝御制碑文中对皂河的描述。皂河多水，中运河、闫河、古黄河、骆马湖、黄墩湖的水都在这里聚集，因而这里也是整治水患、兴修水利、疏通漕运的重要位置。在明朝中后期，徐州、吕梁二洪等黄河险段是非常危险的，被船工们称作“鬼门关”。于是，明万历三十二年(1604)，当时的总理河漕大臣李化龙上疏朝廷，在皂河镇西(现王营村）开挖浚通直河（现在的闫河），北接邳州的泇河，史称泇运河。直河的开通，不仅避开了皂河至徐州的多处黄河段险关，还缩减了漕运里程，同样也让船工们不用再冒险去闯“鬼门关”了。

3《宿迁市宿城区水利志》编纂委员会编《宿迁市宿城区水利志》，中国矿业大学出版社，2016，第 227 页。

骆马湖

清代乾隆皇帝41岁时，皇太后恰好69岁，于是乾隆就陪母亲第一次南巡，经运河而下，过黄河，到苏杭，回程时在南京祭明太祖陵，再到泰州祭祀东岳，最后返京。而这一次南巡到宿迁时，乾隆第一件事就是巡视骆马湖，在了解详情后，他还写下了一首《骆马湖》："济运输天庾，防霖安地行。相机资蓄泄，惟谨度亏盈。洲渚江乡趣，凫鸥春水情。六塘东达海，切切念民生。"这首诗言简意赅地说明了骆马湖的水利作用：枯时蓄水，丰时泄水。同时也强调"相机资蓄泄，惟谨度亏盈"，要仔细勘测控制湖水水位，谨防出现缺水或是洪涝的情况[4]。

4 宿迁市人民政府史志工作办公室编《宿迁掌故》，江苏人民出版社，2016，第32–33页。

《乾隆南巡图》第四卷（局部，绢本设色）

《乾隆南巡图》由清代画家徐扬奉命领衔绘制，描绘了乾隆十六年（1751）乾隆皇帝第一次南巡的情景。《乾隆南巡图》有十二卷，其中第四卷描绘的是乾隆皇帝当日和次日视察黄河、淮河、运河和洪泽湖四大水系汇合处险要工程的场景。从图中可见200多年前江淮地区运河水系的滔滔水势和坚固的堤坝。《乾隆南巡图》有绢本和纸本两种，绢本已经散佚，现分藏于海内外不同的博物馆中。纸本曾完整地保存在北京故宫博物院，1959年调拨给中国历史博物馆，现珍藏于中国国家博物馆。

但骆马湖并非原先就存在。史料记载，“骆马湖，本窑田也”，明万历后才有史料提到“骆马湖”，也就是说，它本是一片洼地，是在黄河南下入泗入淮的过程中逐渐积蓄成湖。由于黄河水道不断淤塞并且漫溢，骆马湖渐渐扩大，形成“长六十里，周一百五十里”的湖面[5]。如今，骆马湖已经是江苏第四大淡水湖，在大运河水系中有着非常重要的作用。

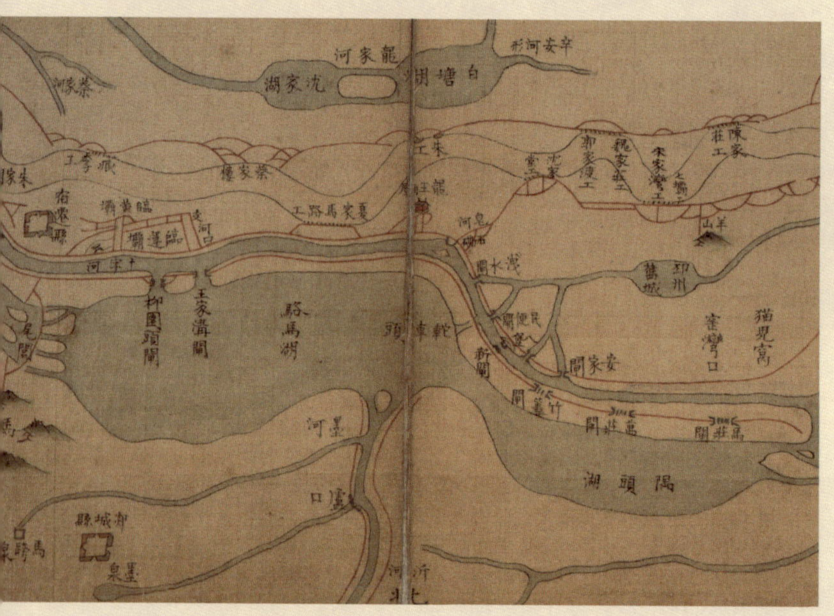

《黄、运、湖、河全图》（局部）

5 张强：《中国运河与漕运研究 元明清卷》，世界图书出版公司，2021，第 306-307 页。

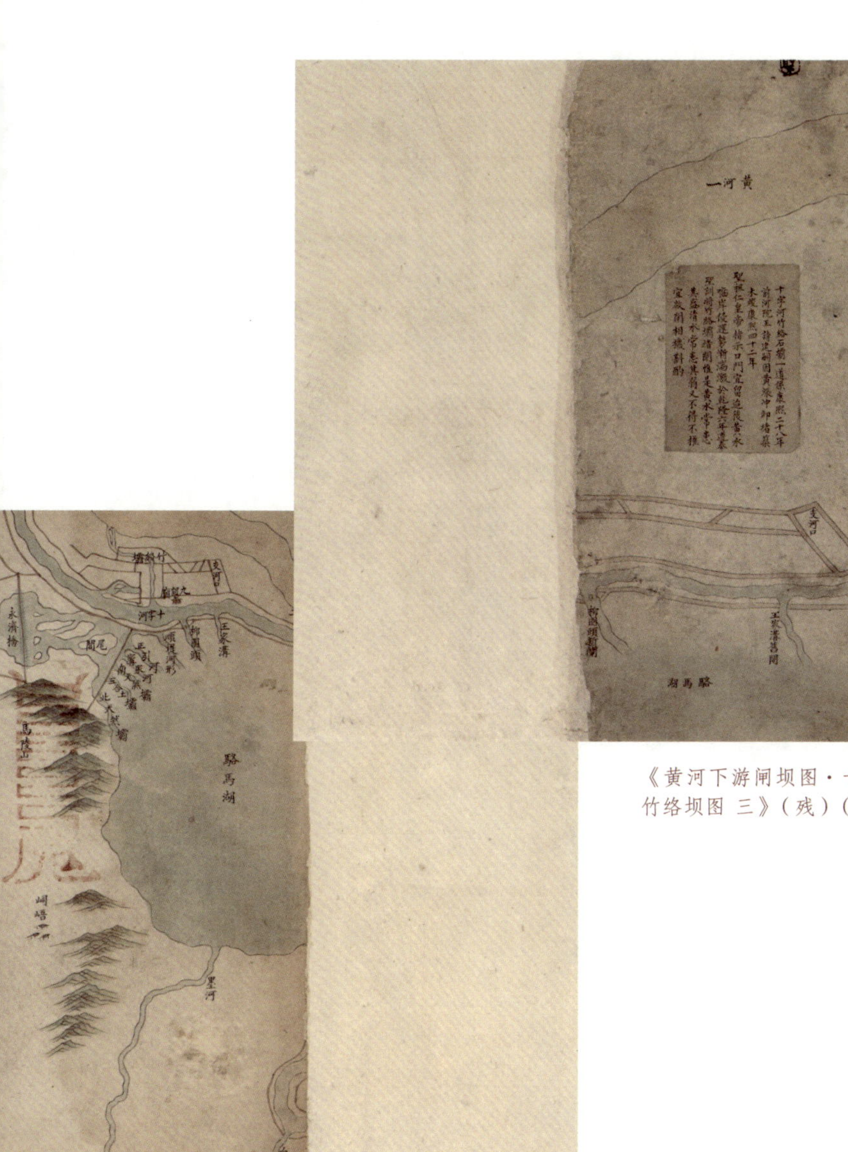

《黄河下游闸坝图 · 十字河竹络坝图 三》（残）（局部）

《黄河下游闸坝图 · 骆马湖》（残）（局部）

黄运分离

自从南宋时黄河改道，宿迁一度成为黄河的主流河道，也因此水灾频发。清康熙二十五年(1686),时任河道总督的靳辅“自骆马湖凿渠，历宿迁、桃源至清河仲家庄出口，名曰中河。粮船北上，即入中河，直达张庄运口，以避黄河百八十里之险”。之后，黄河与运河完全分离，运河水道200年不变。这一工程也标志着大运河全段完全实现了人工控制[6]。

6胡梦飞：《中国运河文化遗产概论》，黄河水利出版社，2020，第32页。

《黄河下游闸坝图·禹王台图 一、二》（局部）

乾隆为何五次驻跸于此？

龙王庙：乾隆下榻处

龙王庙行宫建筑群始建于清顺治年间，改建于清康熙二十三年（1684），原名“敕建安澜龙王庙”，后经历任皇帝扩建，形成了如今三院九进封闭式的清代官式建筑群。乾隆皇帝六下江南，其中五次下榻龙王庙行宫并建亭立碑，该建筑群因此俗称“乾隆行宫”。行宫最南为古戏楼，向北依次为广场、山门、御碑亭、怡殿、龙王殿、大禹殿等。其中，御碑亭高 11 米，飞檐斗拱，造型别致，俗称“皇伞亭”。龙王庙行宫建筑群是全国众多乾隆行宫中规格最高、规模最大的行宫遗址。

龙王庙行宫位于皂河镇，这也是一处因运河而兴的水运小镇。清康熙年间，靳辅开凿皂河和中运河，皂河口一带一跃成为河道工程治理中心与漕运转输中心并逐渐繁荣。清康熙二十四年（1685），靳辅上奏请求将原来驻于刘马庄的巡检司，以及运河主簿、皂河汛千总等官方机构一并迁至皂河集，负责修防黄河北岸汛地事宜，皂河口的重要性更加凸显。“保漕济运咽喉地，千里运河第一湾”，宿迁作为全国唯一拥有隋唐通济渠、宋元明清黄河故道、清代中运河三个不同历史时期主航道的城市，千百年来的繁荣兴盛都与大运河息息相关。至于乾隆南下时，其完整的仪仗船队也是从宿迁开始才能以水路形式沿着大运河一路南行，因此这里也是乾隆南巡的必驻之所。清咸丰年间，黄河改道离开宿迁，沿袭千年的运河漕运也在这个时候改为海运，宿迁皂河镇这个运河节点战略要地逐渐衰落。除龙王庙行宫外，皂河镇还有陈家大院、孔庙遗址、御马路及御码头遗址等。

洋河镇：运河第一酒镇

洋河，又叫白洋河，原是河名，该河与原宿迁县白鹿湖贯通。洋河因地势低洼，被称为洪水走廊，每逢汛期，白浪滔天，望之如洋，故名。后白洋河于清顺治年间为黄河决堤淤平。

隋朝时，洋河镇开始“汲北方白堕、桑落之艺，取南方曲阿、若下之法”，利用“秫谷”（糯米的一个品种）酿酒。唐时，扬州地区对酒的需求量巨大，洋河镇生产的酒随运河一路南下，成就了“客酬诗兴江帆去，船捎酒香运河来”的盛景。洋河镇的酿酒业于明清时达到鼎盛，明时有诗人邹辑行游至此，见两岸酒肆林立、酒香四溢，写下“白洋河下春水碧，白洋河中多沽客”（《咏白洋河》）的诗句。清朝乾隆皇帝下榻宿迁时也曾尝过洋河镇酒并大加赞赏。洋河镇产酒历史悠久，如今此地仍以酒业为经济支柱，传承着千百年来的酿酒文化。

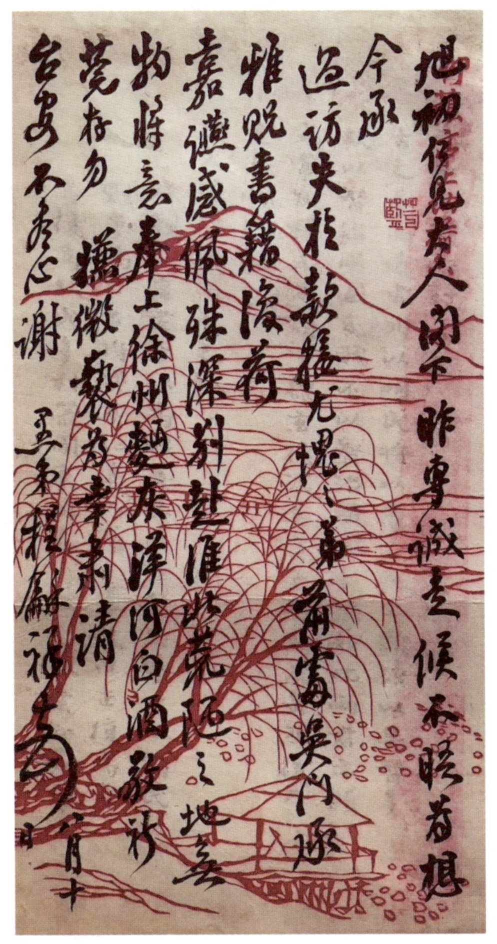

清道光时期，时任盐运使的程龢祥与吏部尚书毛昶熙的往来信札中提到以洋河镇生产的酒作为敬礼。

非物质文化遗产：洪泽湖渔鼓

“洪泽湖渔鼓”也称“端鼓舞”，是旧时神汉为渔民烧纸还愿或神坛祈祷时进行说唱与舞蹈的一种艺术形式。它始于唐代，源于泗洪县半城镇境内的木墩岛及洪泽湖湖区一带。舞蹈展示多在湖面上进行，并连两只大船为舞台，幕布上悬各类神像，并饰有各色刻纸图案。表演时，须遵循严格的程序，艺人穿着艳丽的服装，左手端着形似芭蕉扇的单面羊皮鼓，右手用细竹管敲击鼓面，依照鼓的节奏踏步，身体随船体摆动，似船在水中行走。整段表演有音乐、舞蹈、说唱，唱词格律与押韵方式奇巧多样，别致有趣。表演多见于湖区渔民丰收、祈祷祭祀、续家谱、祝寿祈福时。

洪泽湖渔鼓承载着洪泽湖湖区渔民生产生活的原始记忆，融洪泽湖地区独特的民间艺术和民间信俗于一体，是湖区渔民审美情趣的直观体现。其地域特色浓郁，对研究民俗、方言、社会、历史等具有一定参考价值。

膘鸡

膘鸡是宿迁泗阳著名特产之一，农家婚丧之时置办的宴席多以膘鸡作为“头道菜”上桌。其上层洁白如玉，下层红如玛瑙，配以姜、葱等作料，使青、红、白三色相映。膘鸡上桌，肉香扑鼻，夹而食之，不肥不腻，滑嫩爽口。

车轮饼

车轮饼盛产于洋河镇，因外形似车轮而得名。其外表金黄，香酥脆口；内馅滋味甜美，口感丰富。

双皮鲫鱼

双皮鲫鱼是宿迁市泗洪县的一道传统特色菜，鲫鱼外酥里嫩，色泽金黄，十分诱人。其选用鲫鱼、猪油、香菇、冬笋等食材，鱼肚里面填满香菇、鲜笋、瘦肉、豌豆以及葱姜等，异常鲜美，回味悠长。

山阳清河界
淮闸
淮安府
平桥
泾河闸
黄浦闸
八浅
孙家闸
大兴闸
至清江卅里
宝应山阳界

壮丽的“东南第一州”

南北交会的水陆要冲

一定要把淮河修好

淮安市洪泽区境内的洪泽湖大堤旁，有毛泽东主席题写的“一定要把淮河修好”石碑。1951年5月4日的《人民日报》报道说：江淮地区又遭特大洪水，多数“全村沉没”，由于水势凶猛，群众来不及逃走，或攀登树上、失足坠水，有的在树上被毒蛇咬死……毛主席深受震动，立刻在“中国人民革命军事委员会”信笺上写下这八个字，又于5月15

日公开发表在《人民日报》上。这八个字用墨饱满，遒劲厚重，气势磅礴，表现出坚定的治淮决心。

古往今来，淮安一直是漕运重镇，历代统治者对这里的漕运都十分关切。明代以后，统治者在淮安设立漕运总督府，负责天下漕运事务。之后，清朝政府又将河道总督府迁到这里，用以维护大运河的运行。当时全国只有九个总督府，而淮安一地就有两个，故有“天下九督，淮居其二”的说法，淮安在全国的地位之高可见一斑。

1952 年 10 月 1 日，中华人民共和国成立三周年，为了反映新中国成立后的建设成就，中国人民邮政发行特种邮票《伟大的祖国——建设（第二组）》。邮票全套 4 枚，其中第 1 枚为《淮河水闸》，图案是横跨淮河的润河集分水闸，水闸上方是毛泽东同志的题词“一定要把淮河修好”。

山阳湾

山阳湾在淮安城北，不仅有淮水，更有泗水与之交汇，导致此处河道复杂曲折，流速湍急，漕船沉溺的风险极大[1]。运粮的漕船只有首尾相接，形成长蛇般的阵势，才敢进入山阳湾。到这里时，危险才只过了一半。此处设了“仁”“义”“礼”“智”“信”五座水坝，漕船经由仁字、义字二坝入淮，商船经由礼字、智字、信字三坝入淮[2]。每过一坝，船要先卸下粮货，用人力畜力拖船上坝，再把货粮重新装运上船，继续北上。再之后，漕船还要逆行淮水六十里，波涛汹涌，运漕的船员十分辛苦，行程也相当凶险。

山阳湾所在的清口枢纽是一个水利工程遗产区。历史上，清口枢纽是中国大运河上最具科技含量的枢纽工程之一。其 49 平方公里的范围内分布着 53 处各种类型的文化遗产。明清两代统治者投入了巨大的财、物和人力，持续对其维护治理，保证

---

1 复旦大学历史地理研究所、《中国历史地名辞典》编委会编《中国历史地名辞典》，江西教育出版社，1986，第 55 页。

2 季祥猛、杜涛：《淮安五坝》，http://wshuaian.org/show.asp?id=3074。

大运河的运输能力和漕运的畅通。2014 年，中国大运河成为世界文化遗产，清口枢纽作为一项重要的遗产区被列入名录[3]。

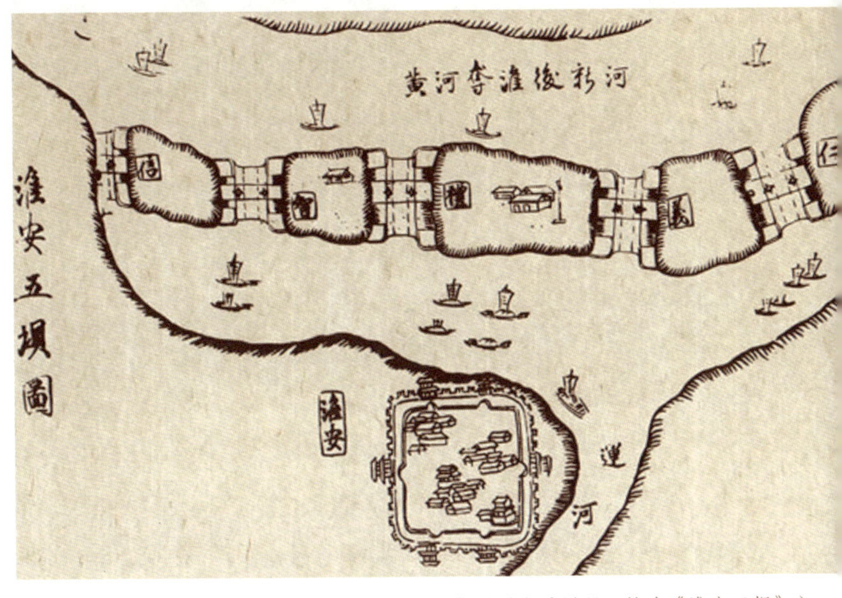

《淮安五坝图》（引自季祥猛、杜涛《淮安五坝》）

3 胡梦飞：《中国运河文化遗产概论》，黄河水利出版社，2020，第 73 页。

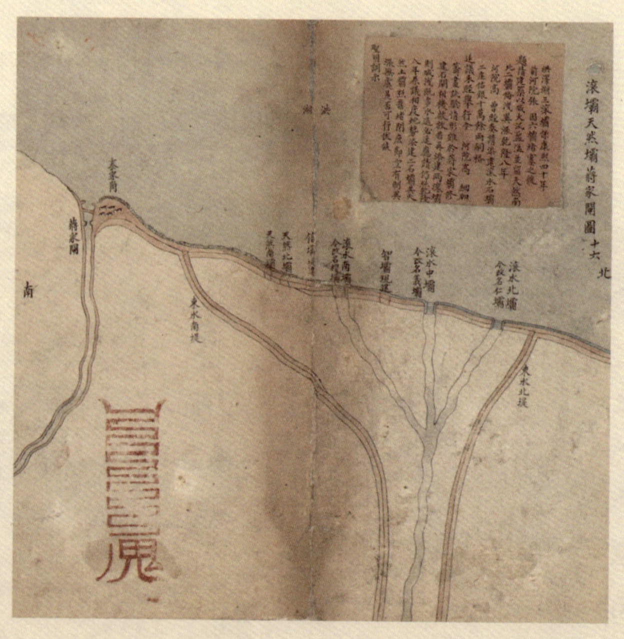

《黄河下游闸坝图·滚坝天然坝蒋家闸图 十六》

图中“仁”“义”“礼”“智”“信”五坝，是康乾时期新建的滚水坝，康熙四十三年（1704），在此段建成“仁”“义”“礼”三座滚水坝。乾隆十七年（1752），又增建了“智”坝和“信”坝，并在南部大堤上增建“石工”墙，“石工”墙一直筑至蒋坝。

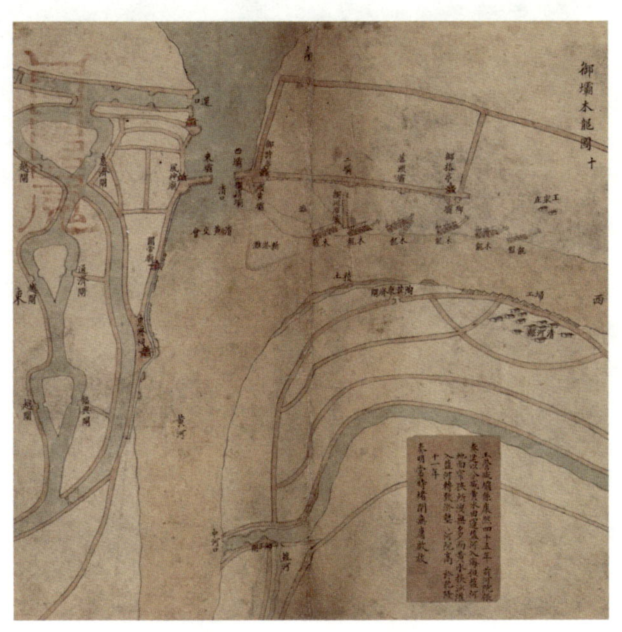

《黄河下游闸坝图·御坝木龙图 十》

此图题以及图中指出的“木龙”，是一种逼迫水流改变流向的设施，这种“挑溜木龙”，将黄河的走向约束至东北方向，以减轻强大水势对河岸的冲击。乾隆四年（1739），大学士、军机大臣鄂尔泰阅视江南河工时，认为陶庄引河长而稍曲，旋开旋淤，决定在御坝以下安设木龙，进一步把黄河主流逼向北岸。先造一架，后添四架，分别叫头木龙、二木龙、三木龙、四木龙、五木龙。所谓“御坝”，即“御黄坝”，建之以御黄河汹涌水势。

陈瑄

明永乐十三年（1415），平江伯、漕运总兵官陈瑄循北宋沙河故道开凿清江河。做这件事的原因既简单又十分重要。明成祖朱棣要将政治中心由南京迁至北京，急需将南方粮草向北调运。海运可不可以？不可以。具体原因众说纷纭，譬如历史学家黄仁宇认为，明朝皇帝出于安全考虑，不重视商业和对外贸易[4]。尽管有郑和下西洋的壮举，但更多的是政治上的外交。毕竟在明朝建立之前，元朝漕粮的海运就经常被张士诚等地方割据势力切断。于是，陈瑄奉命负责每年从长江流域运输粮食到北京、辽东的卫所。从1403年到1415年，陈瑄致力于运河的疏通管理，最后终于将海运终止，并且每年漕运粮食的量远超皇帝的要求，甚至达到五百万石[5]。陈瑄完成运河治理工程的六年后，朱棣迁都北京。

4［美］黄仁宇：《明代的漕运》，九州出版社，2019，第190页。

5［美］富路特、房兆楹原主编，李小林、冯金朋主编《明代名人传（壹）》，北京时代华文书局，2015，第222—223页。

陈瑄画像

板闸

移风闸是清江浦开埠时所建的四个大闸之一（其余为清江闸、福兴闸、新庄闸）。这几道闸门就是陈瑄于1415年主持筑造的，用以调整山阳湾等水道，方便漕运。1416年，移风闸下游增建板闸，起初比较简陋，以木板作为闸门。一年后，改建为石闸，但“板闸”却留名至今。板闸西北三里外即移风闸，两闸相距很近，板闸亦由移风闸官兼管，所以板闸又被称为上移风闸，移风闸为下移风闸。

板闸遗址

明万历十七年（1589），黄河泥沙内侵，漕船过闸困难，于是又开通了越河闸，以便通行。明崇祯年间，板闸的正闸河道淤塞，于是废弃不用，过关船舶改走越河闸。清顺治年间，越河闸因淤塞弃用。如今，板闸遗址位于淮安市生态文旅区枚皋路、翔宇大道与里运河合围区域。

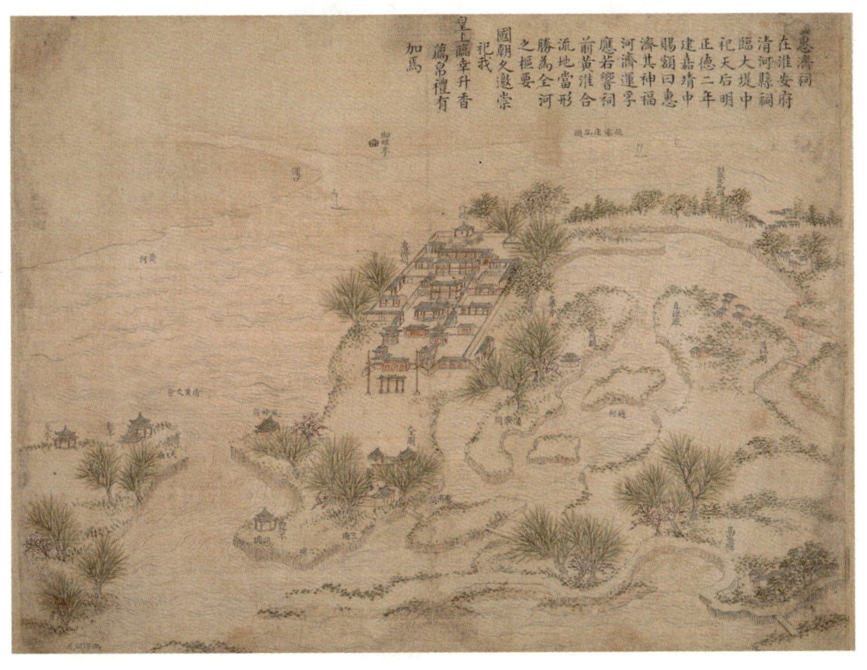

《乾隆南巡驻跸图》（图中为淮安惠济祠）

天下粮仓

“天下粮仓”是清江浦的别称之一。淮安有四大名仓，其中的常盈仓更是明代非常重要的五大水次仓之一[6]。它的存粮量极大，建有 40 个区、80 座仓库，共 800 间，可容纳 150 万石漕粮[7]，相当于 11.48 万吨粮食。“诸郡之赋悉储于此，用供京需，所入无虑百万。”[8] 常盈仓的功能不仅是转运存储漕粮。当时，官员的俸禄不全用白银等货币发放，会用粮食代替，同时，各地驻扎的部队也需要军粮，所以常盈仓又起到了发放官员俸禄、供给军粮的作用，而且，粮食的存储也对当地的物价起到了稳定的作用。它甚至还能在出现灾荒时成为救济粮仓。

---

6 水次仓，即靠近运河以接运漕粮的粮仓。明永乐时期，在淮安、徐州、德州、临清及天津五地设水次仓。

7 淮安市政协文化文史委：《清江浦镇考略》，http://zx.huaian.gov.cn/col/14069_277241/art/16725024/1674888031218EA8W2zEn.html。

8 杨宏、谢纯：《漕运通志》，荀德麟、何振华点校，方志出版社，2006。

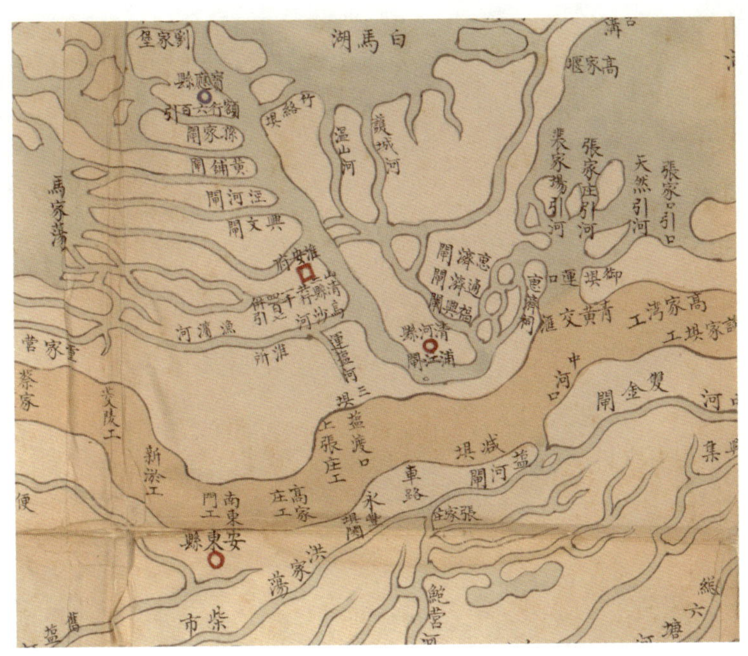

《两淮盐场及四省行盐图》（淮安局部）

此图大约成于清乾隆初年，无图题，《两淮盐场及四省行盐图》系按图上方的图说而暂定。此图配上图说，即描述了两淮盐船行运路线及淮南二十场、淮北三场采盐分销情况。

图中呈现了清乾隆初年淮安地区盐船行运路线以及河道分布情况。

淮安靠什么“清江镇淮”？

淮安府衙

淮安府衙始建于南宋，初为五通庙，元代为沂郯万户府。明洪武三年（1370），淮安知府姚斌以此为基础，加以修建改造，作为淮安府衙，一直沿用至清末。府衙大门面南临街，前有照壁，东西有牌楼，其柱以金丝楠木制成，东牌楼曰“长淮重镇”，西牌楼曰“表海名邦”。明时府衙下辖海州（今连云港）、邳州二州，以及山阳、清河、安东（今涟水）、盐城、桃源（今泗阳）、沭阳、赣榆、宿迁、睢宁九县，治所设在山阳县（今淮安区），是江苏省管辖面积第一大府。府衙经多次修缮，在布局上基本采用中轴对称形式，占地总面积近 2 万平方米，衙内有房屋 50 余幢 600 余间。“民非政不治，政非官不举，官非署不立”，淮安府衙涵盖了官员办公、生活起居及专政机构监狱多种功能，是京杭大运河沿线仅存的，也是全国保存较为完好的两座府衙之一。

淮安府衙内部

总督漕运公署遗址

原淮安府衙现已拆分为淮安府衙、中国漕运博物馆与总督漕运公署遗址等部分，以镇淮楼为最南端，其名承载着淮安人“淮水安定”之愿望。历史上，南粮北调，北盐南运，均以淮安为交通枢纽，淮安也以地利成为漕运的指挥中心。隋朝时，东南漕粮运至楚州，转运通济渠北上，淮安设立了漕运专署。至宋代，东南六路之粟由淮入汴水，直通京城。明、清时在淮设漕运总督公署。清《重修山阳县志》载：“凡湖广、江西、浙江、江南之粮船，衔尾而至山阳，经漕督盘查，以次出运河，虽山东、河南粮船不经此地，亦皆遥禀戒约。故漕政通乎七省，而山阳实咽喉要地也。”漕运总督府在清朝的官方名称为“总漕部院衙门”，漕运总督被尊称为“漕台”“漕帅”。漕粮自征收入库起，漕船北进、视察调度、弹压运送等都要由其亲自监督。漕运公署在政治上奠定了山阳漕运中枢的地位，也在经济上促进了此地的繁荣。今公署遗址作为中国大运河世界文化遗产点之一，其北侧设立了中国漕运博物馆，馆内陈列了大量漕运相关文物，是人们了解漕运历史的一个好去处。

清晏园

明代中后期，因治河与漕运事宜纷乱复杂，权责不分，导致权力掣肘，办事效率低下，清朝时便将两事分与不同大臣管理。如前所述，总督漕运公署只管理漕粮运送的事宜，而治河之事由河道总督总领。清初的河道总督不仅管理运河，还管理黄河，总督府首设于济宁，后迁至清江浦（今淮安市清江浦区），清晏园便是清代的河道总督府及其后花园。“清晏”，取“河清海晏”之意，从清康熙十七年（1678）首任河督靳辅任职于此始，清代常驻淮安的河道总督有56任，共45位，历时183年；咸丰十一年（1861），清政府裁河道总督，由漕运总督兼理河务，迁驻清晏园，历时43年；光绪三十年（1904），裁漕督，总督署改为江北巡抚署；光绪三十一年（1905）改设江北提督于此。清晏园始建于明永乐十五年（1417），时为明代户部分司公署，后经历任河道总督的扩建，至清已是拥有荷芳书院、湛亭、叶园、清宴舫等多处胜景的园林，兼具南方之神秀、北方之雄奇，有“江淮第一园”之美称。

淮安钞关

古时中央政府往往在水路要冲和货物集散地设置钞关，向往来的过境物品、车辆、船舶收取过境税，明宣德四年(1429)，朝廷开始在内河航线上设立专门用来征收船税的机构，称之为“钞关”，当时的钞关广泛分布于大运河、长江、淮河流域。至明万历年间，最重要的八所钞关得以保留，其中七所在运河沿线，从北向南依次是崇文门、河西务、临清、淮安、扬州、浒墅关、北新关（杭州），只有江西九江不位于运河沿线。这些钞关均隶属于中央朝廷的户部，由户部进行统一管理。淮安钞关是八大钞关中最大的一座，民间俗称“榷关”“淮关”。板闸古镇是明清时围绕钞关而形成的集市，慢慢演变为城镇，其在民国随着钞关的裁撤而没落。淮安钞关在2006年被修复，如今已成为里运河文化长廊的组成部分。

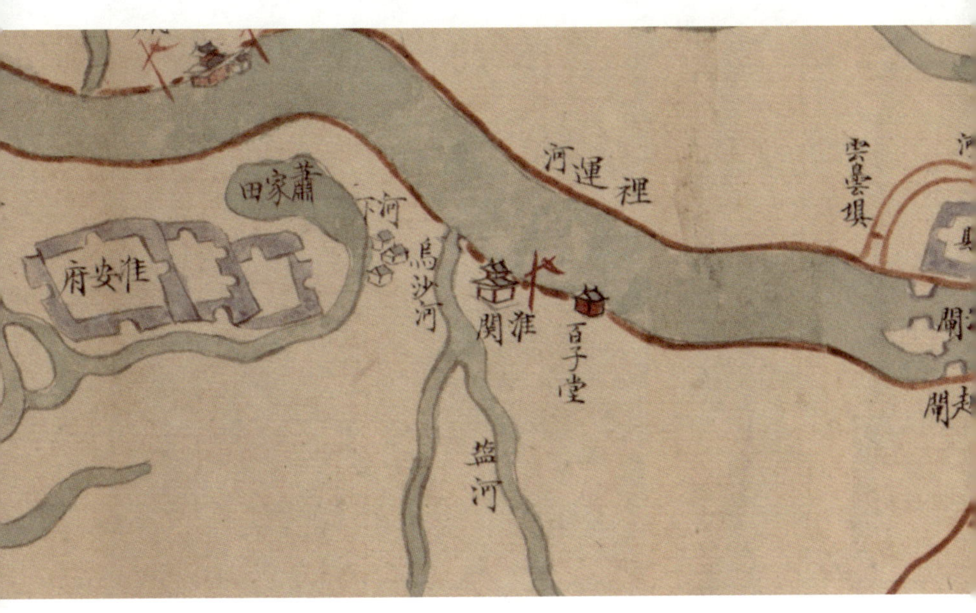

《全道漕运图》（局部）

从图中可看见古时淮关紧靠盐河，又傍里运河而设立，位置距离上级行政单位所在的淮安府并不远。

清江督造船厂

自明朝永乐时期开始，淮安清江造船厂生意兴隆至极。运河逐渐通畅后，漕船的需求量剧增，而淮安正好处于运河中段，是“江淮之要津”，而且江南漕粮都会经过淮安常盈仓转运，所以朝廷在此地建设清江造船厂[9]。明朝造船均为官方管理，只设有两座造船厂（另一座在山东临清卫河），私人不允许造船。而清江造船厂又比卫河造船厂更重要，所造船只占全国的70%之多[10]。淮安的造船业由此勃兴。

9 厂址位于山阳（今淮安区）、清河（今清江浦区）之间。

10 明人席书《漕船志》载：“永乐七年，淮安、临清肇建清江、卫河二厂……南京、（南）直隶、江西、湖广、浙江各总里河浅船，俱造于清江，遮洋海船并山东、北直隶三总浅船，俱造于卫河。”“嘉靖三年……将卫河总运船俱归清江厂团造。”

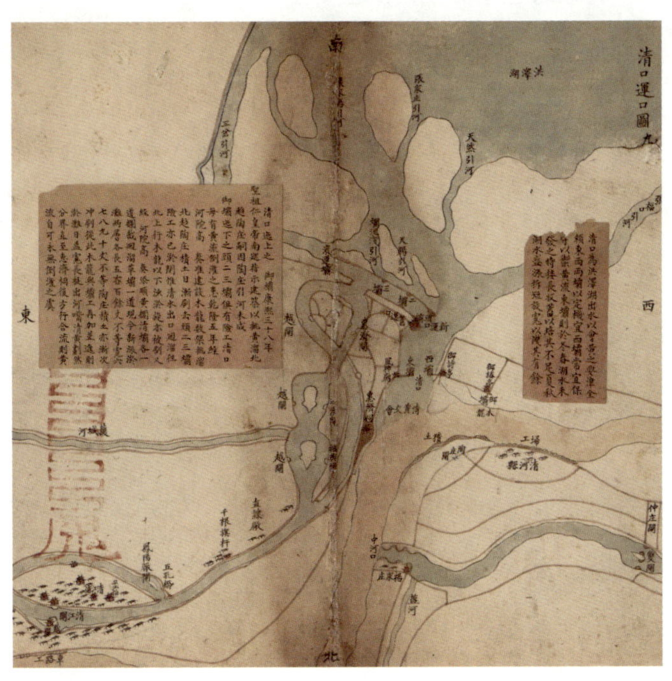

《黄河下游闸坝图·清口运口图 九》

图中左下角即清江闸所在位置。此处河道交错，水势复杂，但因其位置恰好处于河湖交汇之处，十分重要，在古时一直被看作治理水利的重要节点，明清政府一直投入人力物力，维持这里的运转，同时也因此处交通方便，不论是明朝的清江督造船厂，还是粮仓，都设于此。

非物质文化遗产：十番锣鼓

十番锣鼓创始于明代，是一种非常独特的民间器乐合奏的表演形式。所谓“十番”，即由十件打击乐器交替打出各种锣鼓点子（锣鼓经），因点子很多，淮安历史上有句俗语：“十番十调。”“十番锣鼓”的演奏主要用于民间的宗教醮事和风俗礼仪活动，演奏“十番”的形式可分为坐式和走动式，演奏方法主要是吹、拉、弹、唱、敲、打。其利用锣鼓，追求曲式的复杂多变。十番锣鼓于明万历末期流行于以苏州、无锡为中心的江南一带，楚州“十番锣鼓”是由清嘉庆年间的楚州民间乐师孙毓卿二次创作而成。他大胆地将锣鼓与昆曲相互融合，对节奏进行了改变，并填写了反映社会生活的歌词。至 1939 年，淮安有十几支演奏“十番锣鼓”的团体，当时叫堂子。楚州“十番锣鼓”的演奏乐器分为两种，即文场与武场，以唱、敲、奏融合而成，演奏中锣鼓牌子与曲牌穿插进行，最后以锣鼓曲牌结束。此外也有纯器乐曲，锣鼓在乐曲的高潮处加入，更衬托出其氛围，增强渲染力。

软兜长鱼

“淮安一张嘴，吃遍南和北。”淮安美食，首推“软兜长鱼”。制作软兜长鱼需取一尺长所谓“笔杆青”鳝鱼的脊，以高汤调制。成品色泽乌亮，鲜嫩可口，鲜香透骨。盛入盘中，盘如满月，鳝脊细长，蜿蜒其中，恰似嫦娥舒广袖，故又名嫦娥善舞。

开洋蒲菜

开洋蒲菜是一道经典的淮安代表特色菜。蒲菜俗称草芽，为香蒲的嫩茎，吃来清香甘脆，十分爽口，将其煲汤、凉拌、煸炒、清蒸无一不可。淮安人“无蒲不成宴”，蒲菜亦是其待客必备菜肴。

盱眙龙虾

盱眙龙虾是淮安市盱眙县的著名特产及美食。龙虾肉质鲜嫩、肥硕饱满。烹饪盱眙龙虾多以辣味为主调，河鲜与辣爽融为一体，余香不绝，回味无穷。

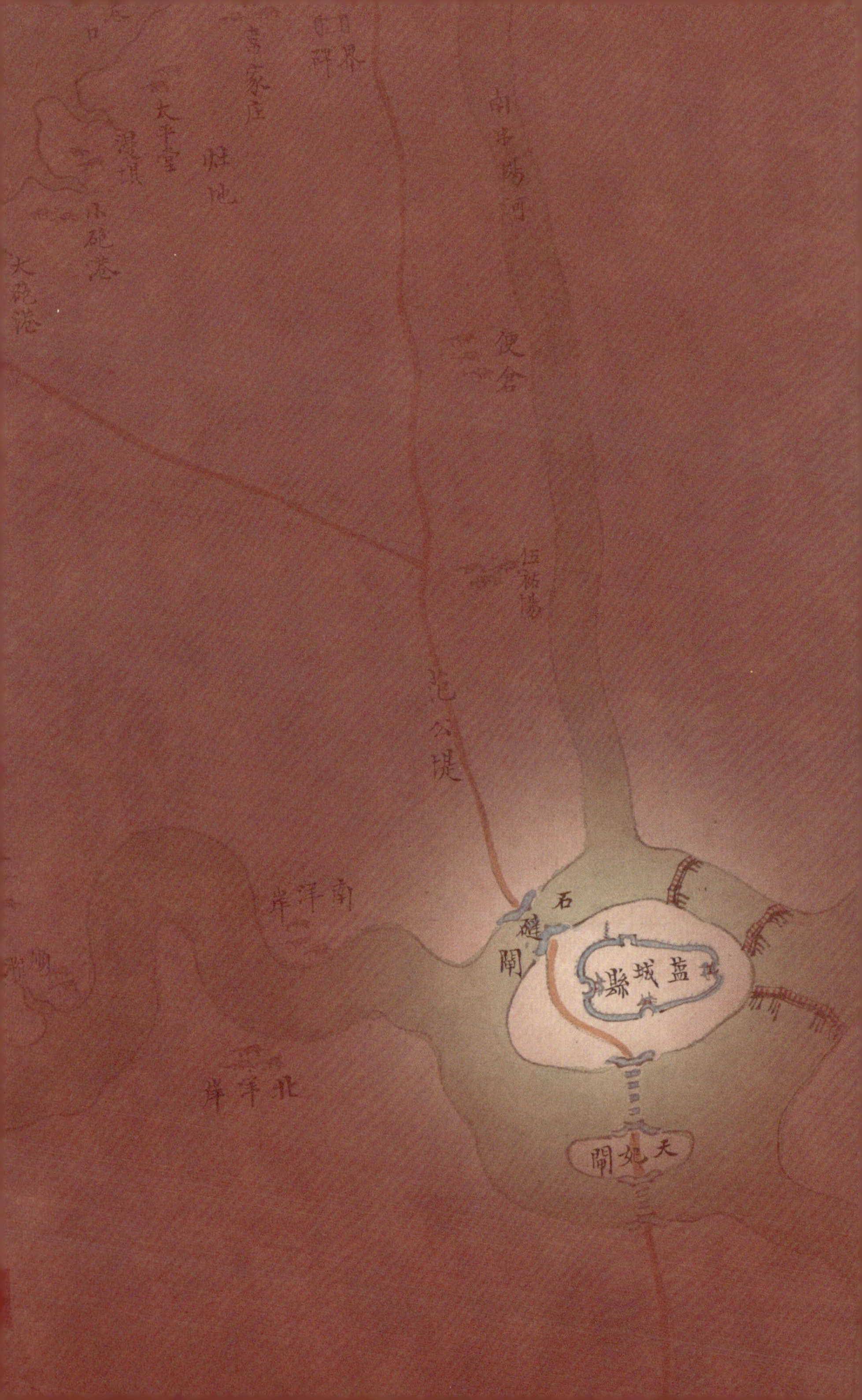

界牌
高家庄
太平堂
小砲港
大砲港
南串場河
便倉
伍祐場
范公堤
石硅閘
盐城縣
南洋岸
北洋岸
天妃閘

盐城 百河之城

“咸天下”的盐文化

煮海熬波

盐渎与串场河

大运河不经过盐城，可盐城却处处有运河。据统计，盐城如今有县级河道 410 条、乡级河道 4192 条。令人惊讶的是，这些河道大多不是天然形成，而是先人为了便利，开挖出的邗沟支道。这些河道连接江河湖泊，也方便了盐城人的粮食运输、贸易、出行乃至文化。古文中水渠曰“渎”，盐城最早的地名，便是“盐渎县”。这样规模的运河开挖工程，延续上千年，大多并不为人所知。

唐宋时期，盐城还是滨海城镇，水患

频仍。范仲淹领衔修筑捍海堤坝，即如今的范公堤。当地人民对范仲淹修筑范公堤的相关遗址进行挖掘沟通，一道道沟渠连接了一座座盐场，方便了盐产品的运输，也方便了百姓生活。这些河道因而被叫作“串场河”。

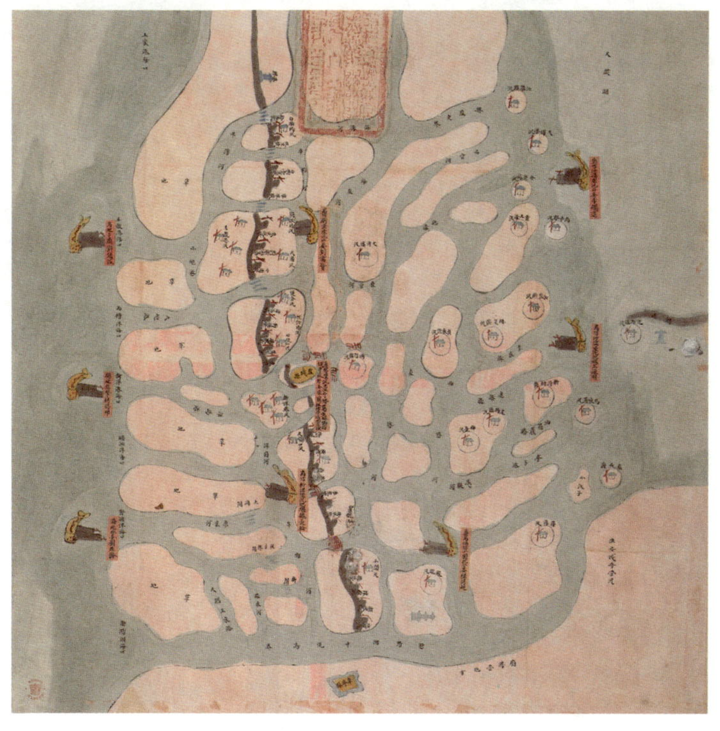

《盐城营河海舆图》

该图制于清道光十九年(1839)之后，具体年份不可知，原图题也不能考，仅凭图中绘制内容，给该图定名“盐城营河海舆图”。全图为盐城营所辖河、海塘及营汛分布图，图中河道交错，可窥盐城串场河之光景。

光绪年间的《盐城县志》载：“盐城营系水陆相兼，由黄家港对出之洋面，北至斗龙港对出之洋面，面约二百里；又北至射阳湖对出之洋面，约百二十里，为盐城营所辖。”“专防分刘庄、小关、新洋、沙沟四大汛所属墩汛共五十一处。”这些描述，在图中俱有所表。

七国之乱

西汉王朝建立伊始，公元前 201 年，汉高祖刘邦便在盐城西北设立盐渎县，封侄子刘濞为吴王，管辖此处。[1] 刘邦心里也没有底，司马迁就曾描述刘邦召见刘濞时，后悔地说："若状有反相。"[2]（你的面相看上去会造反）毕竟，这样一块宝地，落在谁的手中，都可能出事。刘濞到封地后，开挖了东邗沟（今通扬运河），串联如皋等地至扬州，"专以运盐，非南北通行之路"[3]。《史记·吴王濞列传》云："吴王即山铸钱，煮海水为盐，诱天下豪杰，白头举事。"汉景帝时期爆发的七国之乱中，因最富有而受削藩政策打击最重，于是为首起兵的就是吴王刘濞。七国之乱后，汉武帝果断下令实行盐铁国有政策，不准私人贩盐。

---

1 此处援引冯雁军《汉初盐渎置县和晋末盐城置县时间若干问题考证》，刊于《写真地理》2020 年第 10 期。

2〔汉〕司马迁：《史记·吴王濞列传》。

3〔清〕刘文淇：《扬州水道记》。

西汉长信宫灯

两淮盐业甲天下

“天下熙熙，皆为利来；天下攘攘，皆为利往。”[4]而盐城的“利”便来自盐。盐城历朝历代都是制盐重镇，河道上运载最多的，也是盐。汉代时期的盐城还在海岸线上。靠海吃海，当时盐城便以制盐闻名于世。发展到明代，淮河河口湾与长江三角洲两地食盐产销收入高达 680 000 两白银，加上秦皇岛地区的 180 000 两白银的食盐产销收入，已经超过全国总收入的三分之二。而这些食盐，绝大部分首先要经由漕河，才能分散运输到全国各市场。[5]

4 〔汉〕司马迁：《史记·货殖列传》。
5 〔美〕黄仁宇：《明代的漕运》，九州出版社，2019，第 161 页。

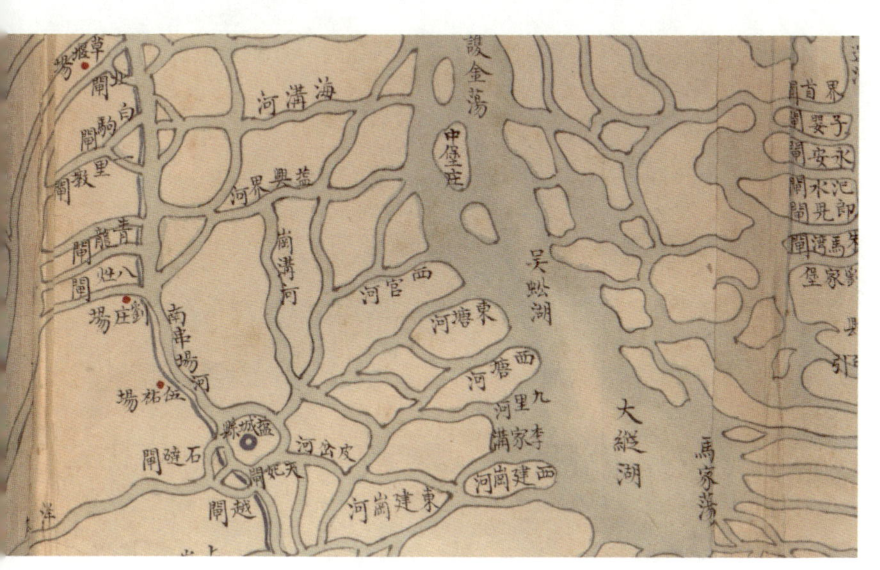

《两淮盐场及四省行盐图》（盐城局部）

盐城四周河湖海密布，闸口众多，对制盐、运盐都极为便利。

黄河夺淮

黄河夺淮指黄河来水侵占淮河河道入海的历史事件，其中发生在南宋时期的夺淮事件改变了盐城的命运。南宋建炎元年（1127）十月，高宗赵构不顾大臣劝阻，以巡幸东南为名，逃往扬州。此举招致金军的大规模攻势。1128 年十月，金将完颜宗翰和完颜宗辅会师于黄河北岸的濮阳，代理东京留守杜充为求自保，掘开黄河堤坝，引水阻挡金军。这非但没阻挡住敌人，还淹亡了 20 多万当地百姓。黄河因此泛滥改道，侵占淮河河道，改变了今苏北地区的地貌。

南宋以前，盐城因海而生，故而盐业繁盛。城内著名的范公堤本是一道捍海堤。因黄河改道挟带大量泥沙，在岸边沉积形成冲积平原，如今，盐城的海岸线已从范公堤坝后退了五六十公里，这也大大改变了盐城人的生活方式，原本沿海的串场河，演变成了串联城镇内部的河道。

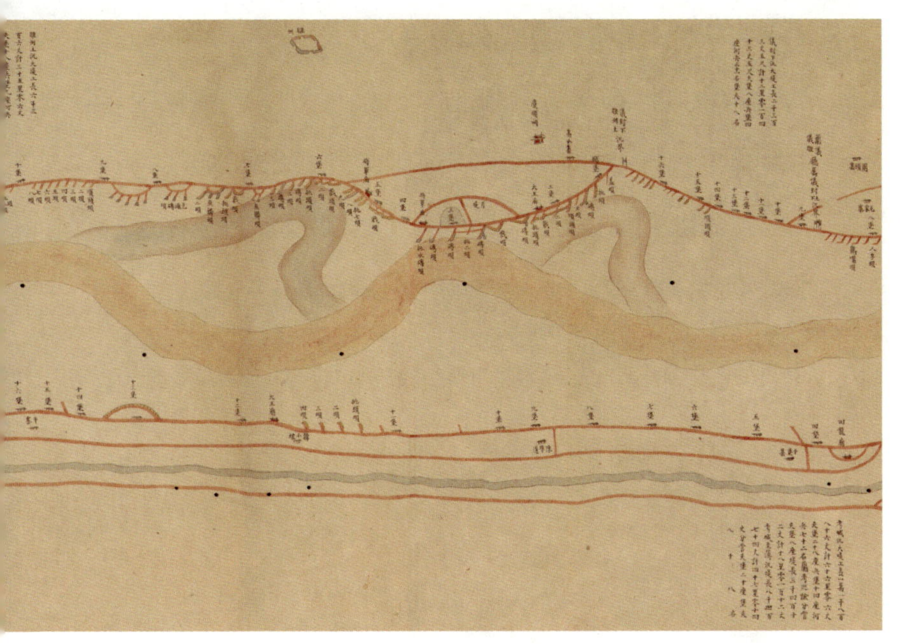

《六省黄河埽坝河道全图》（局部）

《六省黄河埽坝河道全图》成于清道光四年至道光五年（1824—1825）。图中可清晰看见黄河河道，也可看到它在江淮地区不断变动的新旧河路。实际上，在过去的上千年，黄河仅大的改道就达 20 多次，所以黄河下游河道常被称作“忽东忽西，靡有定向”。

瓢城

“瓢城”是盐城的别称。明永乐年间，官员在宋元时期墙基的基础上，重修了城墙。俯瞰整座城池，形状似瓢，故称其“瓢城”。欧阳修曰“环滁皆山也”，而盐城人民之所以筑“瓢城”，是希望“环城皆盐场”，以“瓢”舀盐，兴盛富足。此外，盐城自古多水患，以一瓢沉浮于洪患之上，也寄托了盐城人民对生活安定长久的期望。

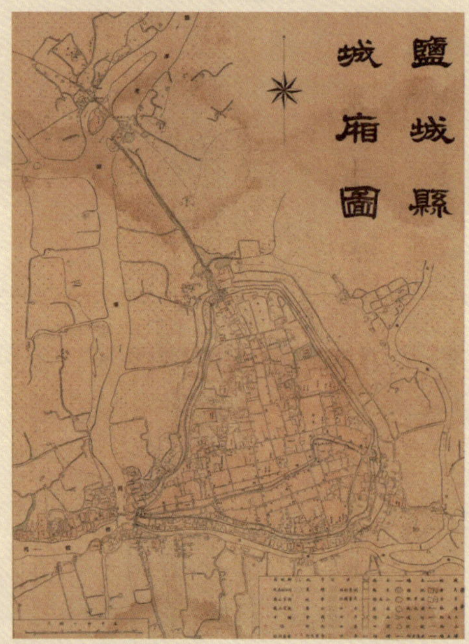

1922 年《盐城县城厢图》

此图为民国七年（1918）实测，民国十一年（1922）印制，由淮扬徐海四属平剖面测量局发行。由图可见，盐城仍有近乎瓢形的城市轮廓。

盐丁

盐民古称盐丁、灶丁或灶户。明清时期对盐丁（盐业生产者）管理之严格程度可谓历代之最。明朝初年，朝廷就定下制度，迁徙罪犯、游民或难民到沿海地区制盐，他们在户籍上被定为灶籍，也就是说，他们的后代都得从事制盐的工作，不得有其他的出路。灶籍盐丁在明清时期被视为“贱民”，而这些所谓“贱民”却产出了当时中国大半的财富。

制盐

制盐有六道工序：碎场、晒灰、淋卤、试莲、煎盐、采花。虽然叫法好听，但每一道工序都是强度极高的体力劳动。古时又以春夏为制盐季节，盐丁往往要顶着毒日晒盐。他们常年浸泡在盐卤中，生活在灶火烟熏的空气里。而盐卤对皮肤有强烈的刺激性，造成龟裂，伤口又受盐卤浸渍，血流不止，十指连心，疼痛异常。因而制盐这样高强度的体力劳动，又被称作“苦业”。制盐的盐丁中，还有一部分是附近的农民，他们在春夏制盐，秋冬还要到农田里耕种，被称为“跑灶”。

《熬波图·上卤煎盐图》

《熬波图》是中国第一部海盐生产专著，是元代天台人陈椿所编著。书中提到，画作的作者是一位“名守义，号鹤山”的人。全书有52幅图、52首诗（现存世47幅图和47首诗），先是收录在明《永乐大典》中，后编入清《四库全书》，详细介绍了制盐过程中每道工序的操作方法，左图即是书中提到的制盐工序中的“上卤煎盐”。同时，《熬波图》也细致描绘了盐丁（即盐民）疲于奔命、日夜劳作的场景。2019年，《熬波图笺注》一书由商务印书馆出版。

洪武赶散

“洪武赶散”又称“洪武迁徙”，既是一个历史事件，也是一个民间传说。明朝洪武年间，出现了大规模的人口迁徙。这件事也在民间以传说的形式广为流传：明太祖朱元璋登基后，为了报复苏州、扬州、杭州等地士绅对当年“吴王”张士诚的拥护，强制江南四十万人迁徙苏北垦荒。“灶户以吴人居多。相传张士诚久与王师对抗，明太祖怒其顽固，恶其民而迁之，摒弃于滨海，服以世世劳役，借以侮辱之。”而在这些迁徙人口中，不少人就成了盐丁。在盐城、泰州等地区，至今仍有不少人认为自己的祖上来自苏州、湖州或杭州。

依海而生

海口栈道

2000 多年前，西溪（今盐城市东台市西溪古镇附近）以东还是一片汪洋。亘古的风一日又一日地推着海水来回往复，在西溪东侧剜出一个天然小港（俗称海大口子）。独特的地理位置，是西溪的盐业生产得天独厚的资源。汉元狩四年（前 119），汉武帝颁布诏令，广纳民众参与盐灶煎盐，推动此地盐业初兴。至唐，西溪已成为淮南盐场的重点产盐区。为方便盐运，西溪人修筑了一条长达 1600 多米的人造土栈道通向海口，形成了海口栈道最初的样子。从筑成到 20 世纪 80 年代末，从土筑到以青砖垒就，海口栈道承载着一代又一代东台人谋生的希望，无论东台人奔波于何处，这条主干道都静静地绵延于家乡的土地上，承载着东台人最浓厚的乡愁。

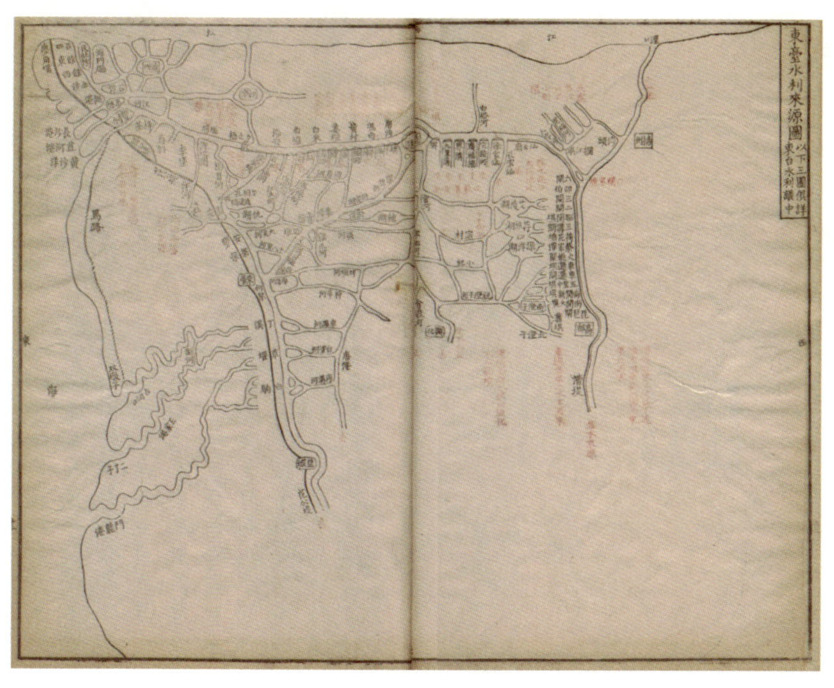

《东台水利来源图》（选自清道光《淮扬水利图说》）

范公堤（古捍海堰）

盐城东面有漫长的海岸线，自古以来，若海水倒灌，侵蚀土地，会致田地受损，百姓流离失所。北宋大中祥符八年（1015），范仲淹监西溪盐仓，目睹此状。天圣元年（1023），他上书江淮制置发运副使张纶，由张纶奏请朝廷委派范仲淹任兴化县令，主持修堰。工程自天圣二年（1024）始，历经风霜雨雪，困难重重。堰修两年，值母丧离任回籍，范仲淹再次上书张纶，请求其二次上奏，终于获准继续修堰。天圣六年（1028），捍海堰终由张纶主持修筑完成。据记载，此堤长约 71 公里，堤底宽 10 米，顶宽 3.3 米，高 5 米。堤筑成后，兴化“来洪水不得伤害盐业，挡潮水不得伤害庄稼”，由此民得安，业遂兴，民感其恩，故称此堤为“范公堤”。黄河滔滔席卷而下，其土积落于东海岸，致使范公堤早已远离海边。民国二十一年（1932），范公堤结束了它海堰的使命，被改筑为通榆公路，后改为 204 国道的一段，以崭新的姿态为当地的发展作出新的贡献。

古
淮
河
黄
海
（今海岸线）
唐
宋
海
岸
线
范
公
堤
盐城
兴化
东台
泰州
姜堰
海安
如皋
如东
靖江
长
江
南通
海门
启东
崇
明
范公堤周边主要市县
范公堤周边次级市县

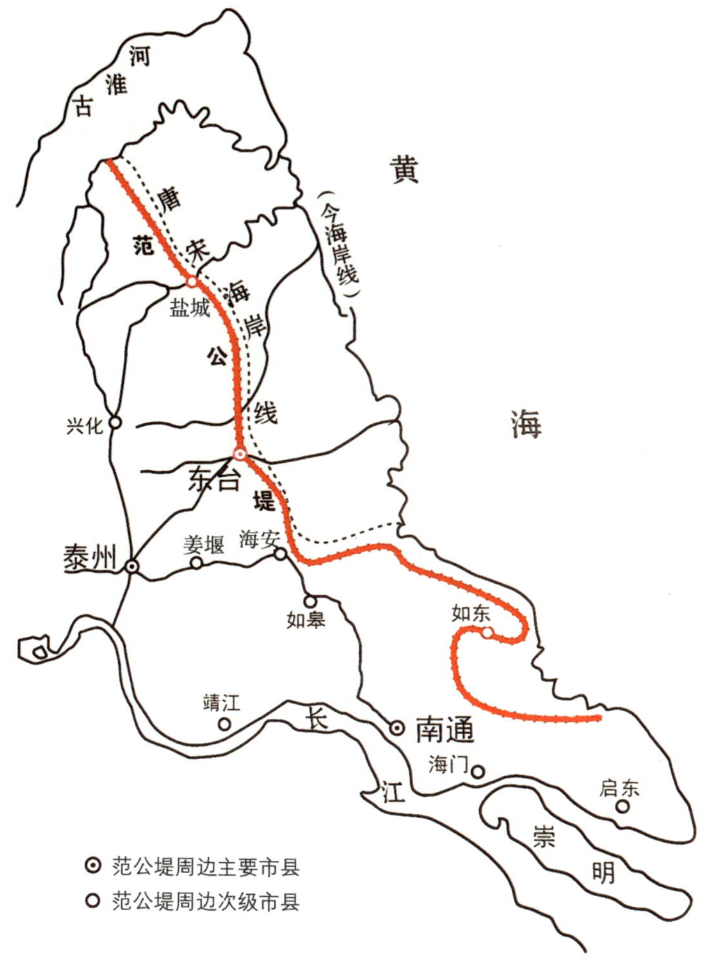

范公堤遗址位置示意图

海春轩塔

东台西溪之阴、泰东河畔，矗立着全国重点文物保护单位海春轩塔。据清嘉庆《东台县志》等记载，此塔系唐初名将尉迟敬德监造，建塔目的为镇海与导航。盐城自古因盐而兴，因盐而荣，此塔作为海盐运输的指航标志，亦有“定海针”“镇海塔”“尉迟塔”之称。塔身七层，八角八面，为砖结构密檐式塔，塔无台基、副阶，内中空，二层及以上塔壁十分简洁，无斗拱、角柱，每层八面各设圭形佛龛一座，塔刹由铜葫芦、相轮、铸铁覆盆组合而成。“海轩春潮旺，皆由此塔来”，唐塔巍巍，经过无数斗转星移。仰望此塔，西溪城海鲜市场的叫卖声、盐船起航的号角声、守军威武的操练声仿佛又穿越千年，再次萦绕耳边。

非物质文化遗产：发绣艺术

“身体发肤，受之父母，不敢毁伤。”头发作为最高礼节的信物传递着人们的忠诚、坚贞和无限深情。女子把自己的头发赠予最心爱的人，誓“伴君左右，同患难，共荣辱”。新婚夫妇将双方头发缠绕一起以取“永结同心，不离不弃”之意。发绣，起源于东台市，唐时佛教鼎盛，东台信女取发为料，在丝绢上绣以金尊法象，日夜叩拜，以示虔诚，后其内容逐渐包罗万象，出现了一批异彩纷呈的传世精品，如元代女画家管仲姬绣制的《观音像》、明嘉靖年间的《倚琴伫月图》等。发绣分接针、切针、缠针和滚针等技法，利用发丝坚韧光滑、色泽浓久的特点，以白地黑线为主，色彩柔和，质朴素净，具有不朽的艺术价值，显示出古代劳动人民卓越的创造力。

东台鱼汤面

东台鱼汤面是盐城东台境内的一种传统面食，主要以面条为原料，搭配串场河的水、南乡的粮、东乡的盐和肥美的鲫鱼，成品具有汤白汁浓、滴点成珠、清爽可口等特点。

阜宁大糕

阜宁大糕是盐城市阜宁地区传统糕类佳品，已有400多年历史。糕片白如雪，薄如纸，甜如蜜，柔如云，卷得起、放得开，入口香甜、滋润。

伍佑醉螺

伍佑醉螺是盐城境内伍佑古镇的一种特色美食，起源于明朝。其以泥螺为原料，成品壳软透明，酒香浓郁，细嫩鲜美，咸甜适度，为佐酒佳肴。

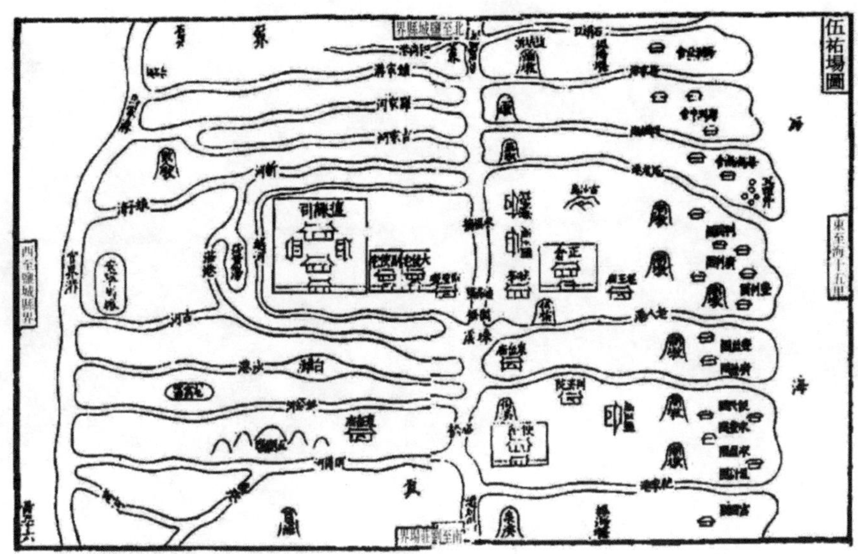

明《伍祐场图》（选自明嘉靖《两淮盐法志》）

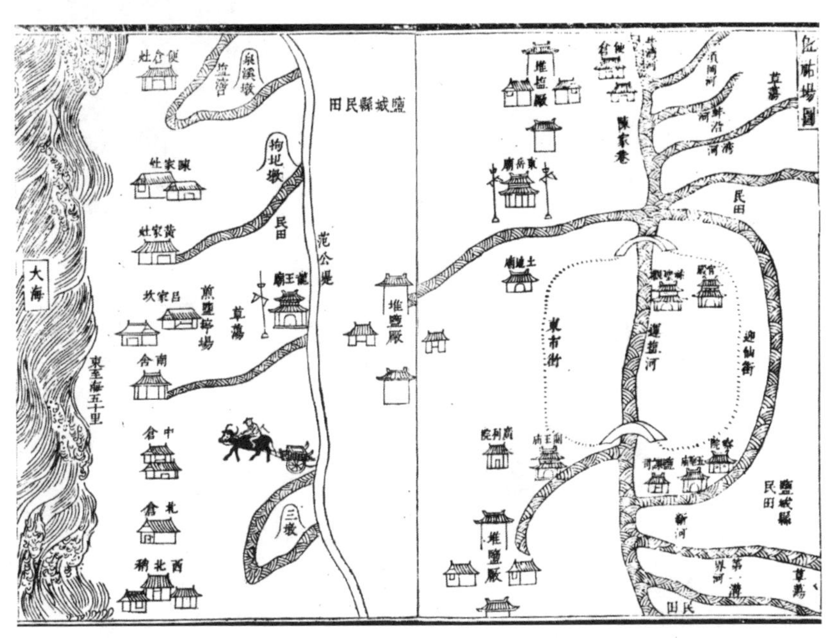

清《伍祐场图》（选自清乾隆《两淮盐法志》）

泰州城

泰州

祥泰之州

河道阡陌的凤凰宝地

“人在三水中”的水运宝地

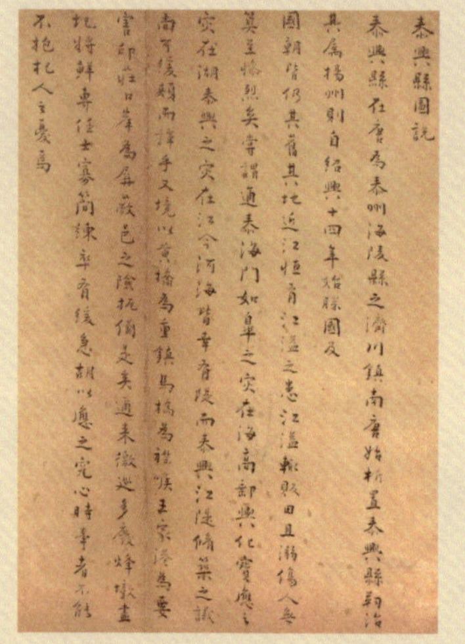
泰興縣圖說
泰興縣在唐為泰州海陵縣之濟川鎮南唐始析置泰興縣[illegible]治
其屬揚州則自紹興十四年始隸[illegible]
國朝皆仍其舊其地近江恒有江溢之患江溢輒敗田且淹傷人畜
莫呈憯烈矣嘗謂通泰海門如皋之突在海高郵興化寶應之
突在湖泰興之突在江今河海皆平齊陵而泰興江陡備禦之談
南可緩頰而揮手又境以黃橋為重鎮馬橋為襟喉王家港為要
害卻莊口岸為屏蔽邑之險扼備足矣邇來徽逆多豢烽堠盡
扼將鮮專任女寡簡練卒育綫息調以應之究心時事者不能
不抱杞人之憂焉

《扬州府图说·泰兴县》（图说部分）

海陵

泰州，地处长江下游北岸、长江三角洲北翼，与南岸的江阴、张家港隔江相望。周朝时称海阳，战国时期楚国曾置海阳邑，西汉置海陵县。《大清一统志》卷六十七记载：“以其地傍海而高，故曰海陵。”西汉时，吴王刘濞在此开凿邗沟，也就是如今老通扬运河的前身。这里在西汉时期，仅有海陵、盐城、射阳三个县，所以海陵的区域实际上很大，司

《扬州府图说·泰兴县》（图部分）

马迁在《史记·货殖列传》中描述这一带人民在西汉时期的生活场景："……饭稻羹鱼，或火耕而水耨，果蓏嬴蛤，不待贾而足，地势饶食，无饥馑之患，以故呰窳偷生，无积聚而多贫，是故江淮以南，无冻饿之人，亦无千金之家。"

三水之城

泰州没有山，只有水，而且与别处不同的是，江、淮、海三水汇聚于泰州市姜堰区，是清、浑、咸三味交融的特色城市。正是由于以上这些原因，古时泰州又别称“三水”。

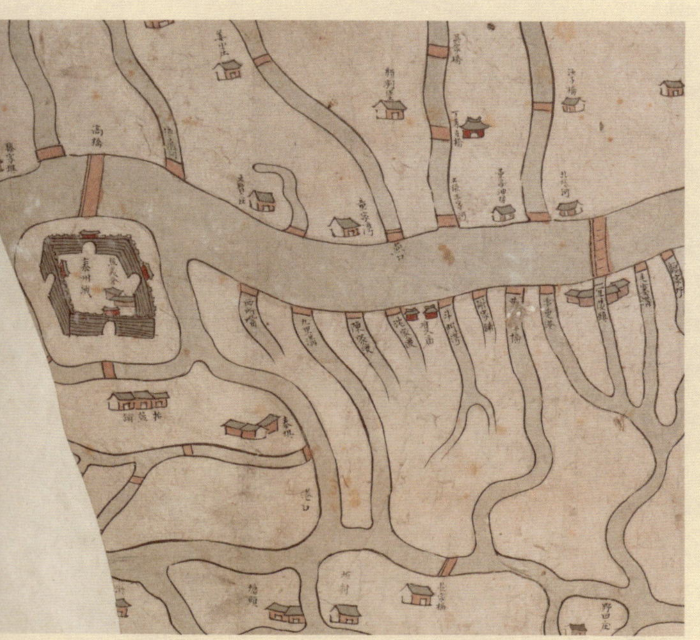

《两淮盐河图》（局部）

《两淮盐河图》于清乾隆二十二年（1757）前后制成，全图残缺，图题也是根据图的内容拟定。上图是《两淮盐河图》中描绘泰州地区的局部图，可见其河道纵横之一貌。

茱萸沟

吴王刘濞时，茱萸湾属吴国的海陵县，为淮盐主产区，盐是吴王富可敌国的主要财富来源之一。同时，这里也是重要的粮食产地。除了邗沟，刘濞还开挖了一条茱萸沟，西起茱萸湾（今扬州湾头镇），东迄海陵仓（今属泰州），之后又延长至如皋蟠溪。

这条茱萸沟便是老通扬运河的前身，也是著名的运盐河。又因为它与邗沟相通，所以也称邗沟支道、吴王沟，其还有盐运河、运盐河等许多名称。清宣统元年（1909）改称通扬运河，全长 150 多公里。后因开挖新通扬运河，于是改称老通扬运河。

海陵仓

茱萸沟东边尽头的海陵仓可能是最著名的粮仓之一。《汉书·枚乘传》言“转粟西乡，陆行不绝，水行满河，不如海陵之仓”，西晋左思的《吴都赋》也盛赞“丽见海陵之仓，则红粟流衍”。唐朝骆宾王写的《为徐敬业讨武曌檄》一文中，也说“海陵红粟，仓储之积靡穷”。要知道，这一座沿河的仓库，实际上是支持吴王刘濞发动“七国之乱”重要的粮草储蓄，其规模可见一斑。

三帮漕运

漕运制度下，设有一个个机构，在每个有漕运的省份，都会设置督粮道，下设卫，卫下设帮，帮下设所。例如在南京的江安督粮道就管辖 15 卫 51 帮。其中三帮漕运属于扬州卫，驻地在泰州。泰州市博物馆收藏了一些关于扬州卫三帮的资料，资料显示，泰州三帮设千总两员，领运（护粮北上）、押空（率船南下）各一员，管理 95 只船。其中，泰州有 34 艘船，每船有正丁、副丁、水手等共 10 人 。可见，漕运制度下，仅泰州一地，就有三四百号人从事漕运工作，也就是说，漕运支撑了三四百户人家的生活起居。全国从事漕运的人丁，涉及几百万人家的衣食。

海塘

在范仲淹主理泰州西溪盐仓，负责淮盐贮运、转销期间，主持修建了著名的范公堤。之后，宋代统治者就一直在治理海塘。宋代提举淮南东路常平茶盐赵伯昌曾奏请朝廷说："……今后捍海堰如有塌损，随时修葺，务要坚固，可以经久。"之所以强调修筑海塘，更多的是因为沿海地区，尤其是江淮地区，大多是产盐之地，捍海堰等海塘工程的建设，不仅可以保护当地居民的生活，同时也可以保证产盐地的安全，确保制盐不受海浪影响。

《两淮盐场及四省行盐图》（局部）

图中蓝色线条的走向即范公堤的位置及走向，由此也可见黄河夺淮，经江苏入海五六百年，挟带的大量泥沙已经将海岸线逼退，以至多出大片的滩涂。

运盐河

海塘的治理同样影响了运盐河的建设运行。泰州历史上古称运盐河的有两条，其中上河为老通扬运河，包括下文提到的南官河，下河是指串场河水系，清代道光《泰州志》载“由赵公桥接杨公堤捍海堰至东边城一带入东台界串场河”，基本是自然河道以及民间自发开挖沟连的河道。这些河道在古代主要被用来进行盐的产销转运，因而被称作运盐河。南唐昇元元年（937），取“国泰民安”之意，改海陵为泰州（泰州之名始于此），并且设置海陵盐监。直到明朝洪武年间，两淮都转运盐使司才被迁移到扬州，因此，泰州有约450年作为淮盐最高管理机构驻节之地和淮盐转运中枢的历史 。明清时期，泰州盐运分司仍十分重

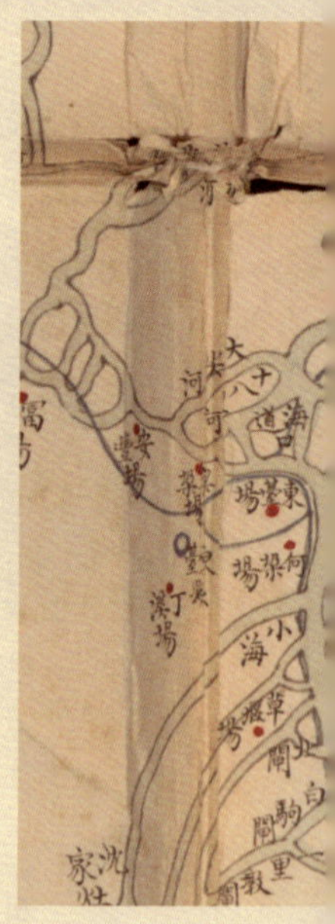

要，下辖富安、安丰、梁垛、东台、何垛、丁溪、草堰、小海、角斜、栟茶十个盐场，产盐量占全国的三分之一。

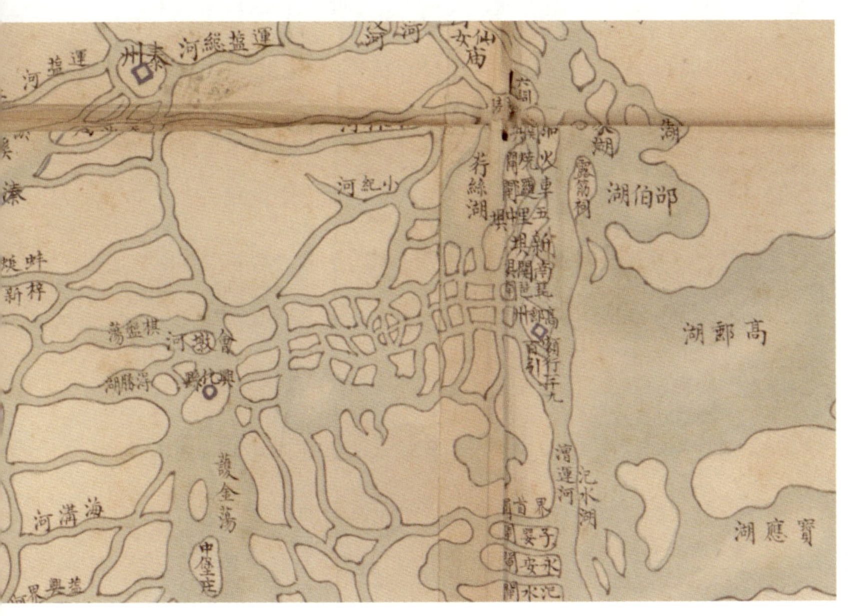

《两淮盐场及四省行盐图》（局部）

图中可见泰州两侧一为运盐河，一为运盐总河，可见其在盐运方面至关重要的地理位置。

南官河

南官河，也称上官河，古代叫济川河。元至正二十五年（1365），还是吴王的朱元璋遣徐达攻打驻扎在泰州的张士诚。经过泰兴时，他发现水道不通，过不去，于是从长江口凿通了一条7.5公里的河道，连接济川河，自此，济川河，也就是南官河，终于与长江相通。江水进城，改变了当地居民的生活，它可以让船只便利地抵达长江，也能够浇灌两岸田地。明洪武二十五年（1392），明政府又在泰州北门外设两道水坝，消除了旱时河流不能蓄水、汛时江水倒灌的危害，但上下河流却不再相通。中华人民共和国成立之后，又建“泰州船闸”，开挖新通扬运河，使南官河与卤汀河连成一片，上下河道在隔断了560年后重新打通。之后，国家又对南官河进行了三次较大的整治，让南官河起到了活跃地方经济、方便人民生活的作用。

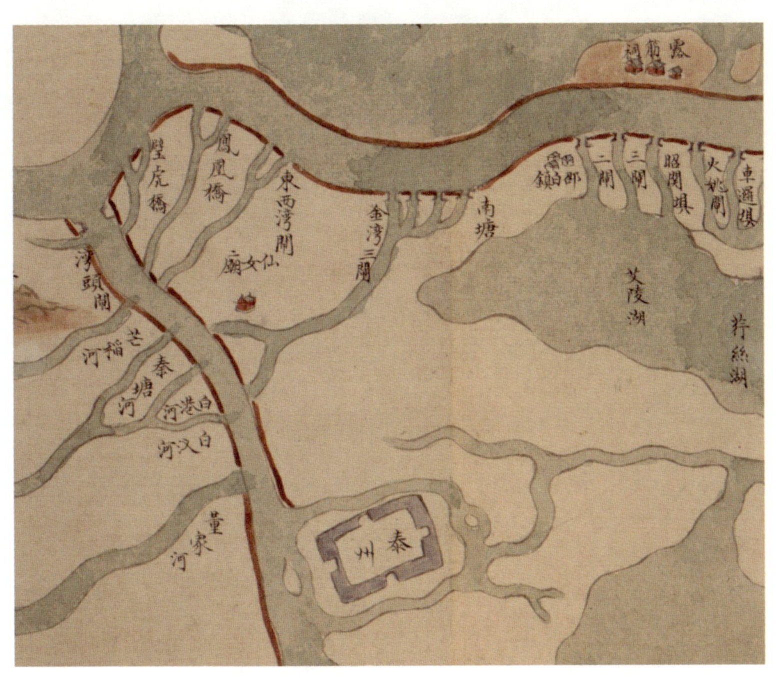

《全漕运道图》（局部）

海陵何处栖“凤凰”？

何处栖“凤凰”？

古时泰州城有一个别致的雅称：“凤凰城”。据清道光《泰州志》记载，宋时海陵城形似凤凰，头南尾北，左翼在东，右翼在西，“城峻而坚，壕深而广，城翔壕上，若凤凰展翅”。文献记载泰州的南门高桥有台阶78级，宛若高昂的凤首；自高桥往北至南城门之间，有条长长的小街，如长颈引吭；凤凰的身子由泰州城主城构成；城河东南与西南角有两个高大的土墩，组成凤凰双翼；由北城门继续向北，行至赵公桥畔，可见一宝塔，似挺立的凤尾。如此由南到北，泰州城以全城之姿化为一只展翅欲飞的彩凤。

泰州四面无海，城中却有一“望海楼”。“望海”一词，是因为西汉时期此地临海而高，故泰州古称“海陵”。望海楼始建于南宋绍定二年(1229)，其后屡次毁于战火，再于盛世重建。

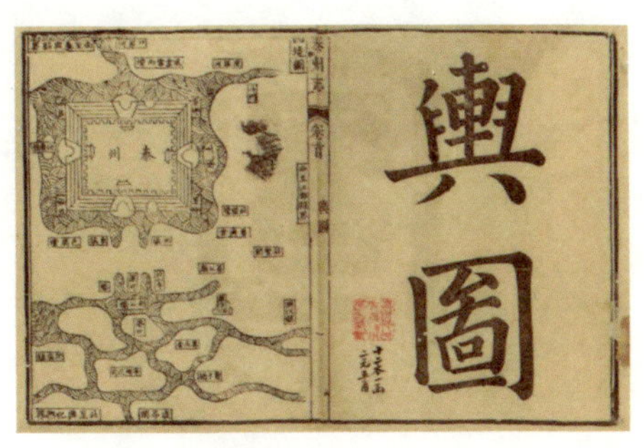

清道光《泰州志》舆图（局部）

今望海楼重修于2006年，其依循宋制，有环廊三层，取栗壳、青灰二色，古朴典雅。望海楼临水而建，此水为凤城河，是古时绕泰州城的护城河。泰州城外还有引江河、周山河、新通扬运河三条“碧带”环绕，形成城水交融的和谐之势。

凤凰作为传说中的上古神鸟，本就代表祥瑞，而“泰”有四海祥泰、天地祥和之意。《易·泰》曰：“天地交，泰；后以财成天地之道，辅相天地之宜，以左右民。”为此王弼作注道“泰者，物大通之时也”（《周易略例》），意为天地之气融通，万物各遂其生，故谓之泰。泰州“州建南唐”，取“国泰民安”之意，始名“泰州”，而海陵县为泰州下辖，也是泰州州治所在地。可见无论是“凤凰城”，或是“泰州”，千百年来本地人民祈愿四海祥平之愿亘古未变。清人王有庆赞泰州“维泰分野，牛斗之交，维泰建学，淮海之滨。有桥翼翼，有水沄沄，五湖合汇，四渎通津”，因而“水深土厚，人杰风淳”（《泰州志·卷八·建儒学泮桥记》），足见泰州多水，“水”与“运”造就了泰州的人杰地灵。

盛开于水上的花海：千垛油菜花

兴化地区是古射阳湖的湖床所在地，早在5000年前，这里还是东海的一片海滨，之后海岸线东移，此地逐渐成为沼泽滩地。这里是整个江苏省海拔最低的陆地，平均海拔只有1~2米，因而当地人以“锅底洼”一词形容兴化地形。加之此地气候易夏涝冬旱，兴化地区自古以来就是水多田少，因此，保田开田成为自古兴化农民与自然斗争的重中之重。

宋时范仲淹修建“范公堤”，从兴化至盐城境内均有遗存，加之兴化的湖荡沼泽地带，在上游来水的冲击、下游海潮的顶托下形成了一个个大小不等的小岛，均为此地沼泽变陆地提供了有利条件。于是先民们积土垒垛，与水争田，“垛田”雏形渐成。在枯水季节，农民撑着小船，在河中央用罱（lǎn）去收集河底的淤泥，然后堆到垛上，这样既能疏通河道，又能增加垛田的高度和土壤肥力。此外，他们还用戽（hù）从河里舀水浇灌垛田，抛洒需远且

均匀。垛田是兴化市特有的一种农田地貌，兴化共有六万多亩这样的耕地，现以千垛镇的油菜花海最为有名。

如今，游人既能泛舟游于垛田中，也能沿小道穿梭于花海中，看河道阡陌。河中垛田形态各异、高低错落，宛如海上的群岛，点缀着油菜花金黄的色泽，在阳光下熠熠生辉。

春日的油菜花田（潘锐之·摄）

非物质文化遗产：溱潼会船节

溱潼会船节是一种古老的传统民俗活动，源于宋代。相传溱湖地区的百姓感念岳家军在此守土抗金，每到清明时节就撑船在湖上祭奠阵亡将士，久而久之，逐渐演变为深受群众喜爱的民俗文化活动，传承至今已800余年。会船节前，十里八乡的人们为装扮好自家的贡船各显其能，这是当地百姓三四月的头等大事。会船通常分为篙船、划船、花船、贡船、拐妇船五种类型，节日寄寓了百姓期盼国泰民安、生活富裕、人世昌隆、人寿年丰的美好愿望。

会船的时候，村民们划出贡船，展现奇思妙想的装扮，以船会友，比美斗景。会船活动中最激动人心的是气势磅礴的百船大赛。与赛龙舟不同，会船比赛用的是篙子船。在高亢的锣声中船员们齐声呐喊，个个使出浑身力气扬篙激浪，在湖面上变幻出万朵浪花。篙起篙落，步调一致，数十艘篙子船犹如蛟龙出海般直冲江心，场面十分壮观。如今一年一度的溱潼会船节日期在清明节的第二天，是中国十大民俗文化节庆活动之一。

中庄醉蟹

中庄醉蟹起源于明代，以蜈蚣湖、大纵湖的淡水蟹为最佳，制作工序多达21道。醉蟹肉质细嫩，味道鲜美，且酒香浓郁，口感极佳，既是宴席上的高档冷盘佳肴，亦是馈赠亲友的美食礼品。

靖江蟹黄汤包

泰州靖江蟹黄汤包皮薄如纸，吹弹即破，制作“绝”、形态“美”、吃法“奇”。制作时需用文火煨化猪蹄膀皮，冷却成胶冻，制成馅心。蒸熟的汤包玲珑剔透，品尝汤包时应“轻轻提，慢慢移，先开窗，后吸汤”。

黄桥烧饼

黄桥烧饼是泰兴市传统小吃，得名于1940年10月那场著名的战役“黄桥决战”。饼身在烘烤后外黄里软，色呈蟹壳红，不焦不糊，不油不腻，香气四溢，口感甚佳。

五台山
宝塔灣
天寧寺
揚州府
板桥
至高郵一百里

扬州

大运河的原点

淮左名都

唐朝的“上海”

卧薪尝胆“前传”

越王勾践卧薪尝胆，打败吴国的典故，可谓众所周知。可越国何以真正击败吴国，还有别的故事。除了暗地里联盟齐、楚等国，勾践还诱导夫差进攻中原地区。在发动战争的同时，夫差又征调大批民工构筑邗城作为北上基地，开凿邗沟以利军运。邗沟连接长江、淮河，就是大运河的前身。为引导吴国北进中原，勾践又让文种率万名民夫协助吴国开凿邗沟，以推动夫差北上。吴国在战

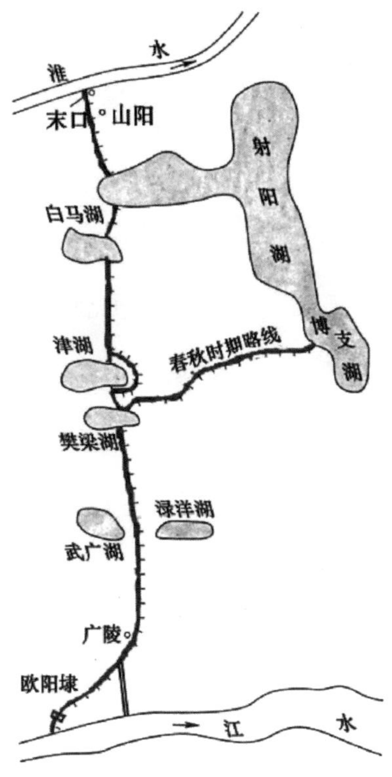

战国至唐代淮扬运河路线示意图

争和修建水利方面一直消耗国力，而越国养精蓄锐，以待时机。在连年的征战和民力消耗下，吴国不敌越国，最终灭亡，可邗沟的通运却影响了当地乃至整个中国数千年的发展。

漕运集散地

扬州能够作为运河上的漕运集散地，主要是西汉时期吴王刘濞在此建都的原因。在扬州获得如此地位后，吴国大小货物均先集于扬州，再散发全国。近水楼台，扬州在成为运河集散地的同时，也逐渐成为全国最富庶的地区之一。

扬州独有的“财神爷”

据考证，在吴王刘濞执政时期，吴国因交通的便利、制盐的优势，其 30 年的收入竟堪比汉王朝 40 年的国家税收[1]。时至今日，扬州市邗江区梅岭街道邗沟社区的邗沟大王庙中，吴王刘濞与春秋时期的吴王夫差一起，仍作为财神爷为当地人所祀奉。

1 纪丽真主编《中国海洋符号 海盐传奇》，中国海洋大学出版社，2017，第 26 页。

大运河的核心

隋炀帝开通大运河之后，大运河连接江苏的黄河、淮河、长江三大主要水系，扬州于是成为水运枢纽。大运河便利了沿河各地城镇的交通、农田的灌溉，对促进黄河、淮河、长江三大流域经济、文化的发展和交流起到重要作用，奠定了唐代扬州空前繁荣的基础[2]。618 年，隋炀帝被部将宇文化及所杀，葬于扬州城西北曹庄。

〔唐〕阎立本《历代帝王图》（局部）

图中为隋炀帝杨广。

2《历史沿革》，https://yangzhou.gov.cn/yangzhou/lsyg/lmtt_yz.shtml。

唐代的“上海”

唐代时期没有上海，扬州就是当时的“上海”。当时，苏州地区是长江下游的入海口城市，但论交通位置，却远不如扬州，因为夫差以及刘濞还有后来的隋炀帝杨广对邗沟的开挖，扬州地区实际上已经成为一江、一河、一海的交汇地，地理位置极佳。在那时，扬州不仅是国内商业文化的中心城市，更是国际贸易和人文交往的中心，唐朝高僧鉴真东渡，便是从扬州出发。

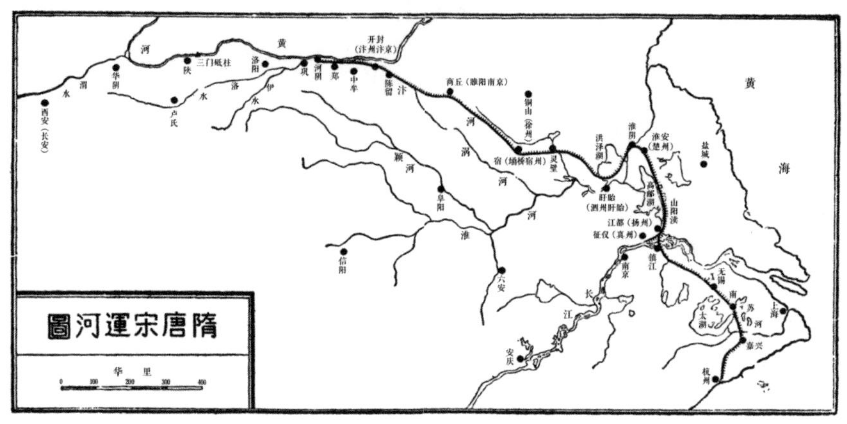

《隋唐宋运河图》（据全汉昇《唐宋帝国与运河》）

该图海岸线系据当代状貌绘制，并非唐朝时期情状。图中可见扬州处在运河南北交汇之处，且正好在长江边上，因而东西向的交通也极为方便。

中国东南第一大都会

唐代扬州农业、商业和手工业相当发达，出现了大量的工场和手工作坊，是中国东南第一大都会，时有“扬一益二”之称（益州为今四川一带古称）。古语云：“东南有三大政，曰漕，曰盐，曰河。”[3]而扬州正好处于这三大要政的关键位置，是通南往北的运输中心和海内外重要的交通港口，曾为都督府、大都督府、淮南道采访使和淮南节度使治所，领淮南、江北诸州[4]。在以长安为中心的水陆交通网中，扬州始终起着枢纽作用。

---

3 章仪明主编《淮扬饮食文化史》，青岛出版社，2000，第13页。

4 贾兵强：《大运河走向与沿河城市的兴衰》，https://news.ncwu.edu.cn/info/1013/13392.htm。

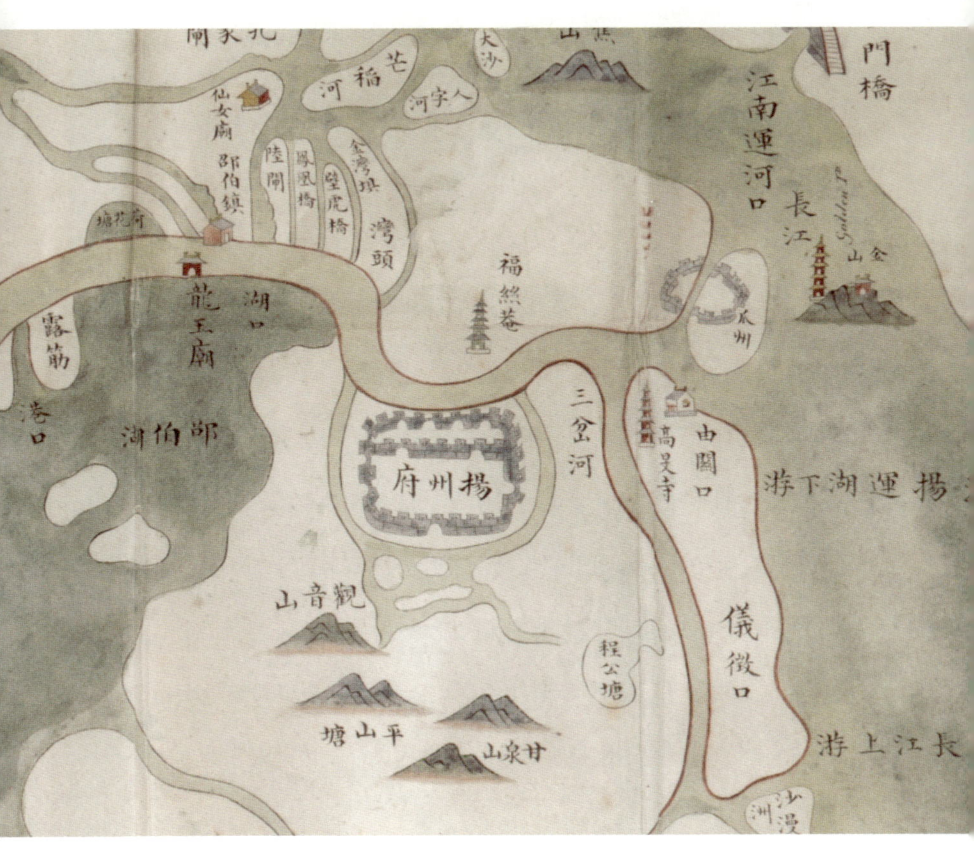

《淮扬水道图》（局部）

《淮扬水道图》绘制于清嘉庆十二年至十四年（1807—1809），题目依据内容而定。全图无比例，也无图例。全图描绘了洪泽湖、运河以及周围水道和工事。上图所截选部分，是扬州附近的水道分布和工事情况。

唐朝的灭亡

史学大家陈寅恪曾说：“唐代自安史乱后，长安政权之得以继续维持，除文化势力外，仅恃东南八道财赋之供给，至黄巢之乱既将此东南区域之经济几全加破坏，复断绝汴路、运河之交通，而奉长安文化为中心、仰东南财赋以存立之政治集团，遂不得不土崩瓦解，大唐帝国之形式及实质，均于是告终矣。”[5]不仅是有唐一朝，之后的宋明清三个王朝，均把大运河作为自己首都的命脉。南宋以运河最南端的杭州作为首都，再延续宋朝百余年历史；南明王朝在扬州死死抵抗清兵进攻却不敌，最终彻底退缩西南；英国人沿长江逆流而上，占领镇江，兵临南京，逼迫清政府签下不平等条约《南京条约》。这些都足见大运河的繁华与衰败不仅是王朝命脉兴衰的象征，更是国家荣辱的见证。

---

5 陈寅恪等：《西南联大国史课》，天地出版社，2021，第 165 页。

《黄河下游闸坝图·高宝各坝下河图 十二》（局部）

康熙、乾隆最爱逛的城市

金庸小说《鹿鼎记》中的康熙为了寻找韦小宝，多次下江南，而在现实中，他到访次数最多的城市，恐怕就是扬州。后来乾隆也多次“巡幸”，使扬州空前繁华，城市人口超过 50 万人，成为当时中国八大城市之一，也是 18 世纪末、19 世纪初世界十大城市之一。

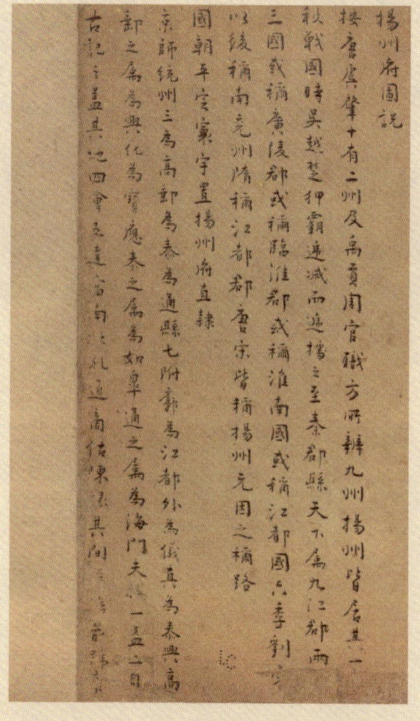

揚州府圖說

按唐虞肇十有二州及禹貢周官職方所辨九州揚州皆居其一

秋戰國時吳越楚迭霸遞滅而延揚之至秦郡縣天下屬九江郡西

三國或稱廣陵郡或稱臨淮郡或稱淮南國或稱江都國六季割

以後稱南兗州隋稱江都郡唐宋皆稱揚州元因之稱路

國朝平定寰宇置揚州府直隸

京師統州三為高郵為泰為通縣七附郭為江都外為儀真為泰興高

郵之屬為興化為寶應泰之屬為如皋通之屬為海門夫惟一五二日

古記之蓋其地四會五達當南北之通商估陳其間 [illegible]

《扬州府图说·扬州府》（扬州府图说）

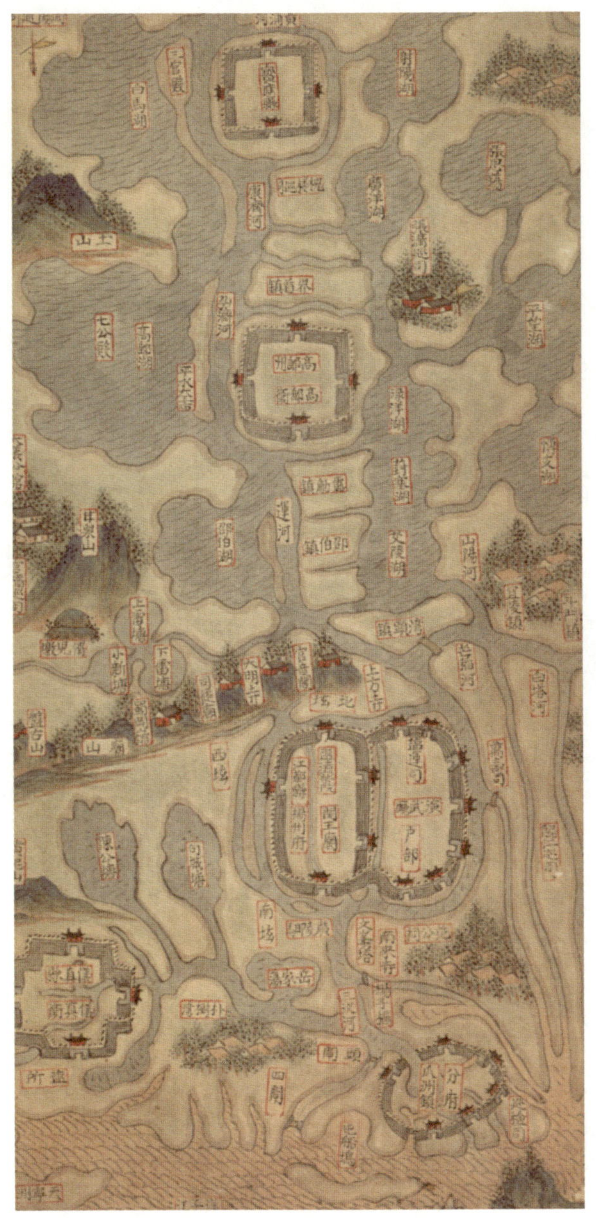

《扬州府图说·扬州府》（扬州府府图）

明设色彩绘本《扬州府图说》一册，折页装，函脊题名“扬州府图说一折”。全书二十四折页，分扬州、江都、泰兴等地，分别以图、图说各半为其内容。两图所示即为扬州府府图（仅存一半）和对应的扬州府图说（仅存一半）。

会票

古时扬州，居交通要冲，富盐渔之利，盐税与各朝代政府的财政收入极大。尤其到了明清时期，商贸更盛，各地商人纷纷在扬州建起“会馆”，这些会馆的营业范围十分广泛，带有浓厚的地方特色。同时兴起的还有会票——信用汇兑。这在经济上是一种创举，在南京的票号存钱，到北京也可兑换，极大地方便了货币流通和商人出行。

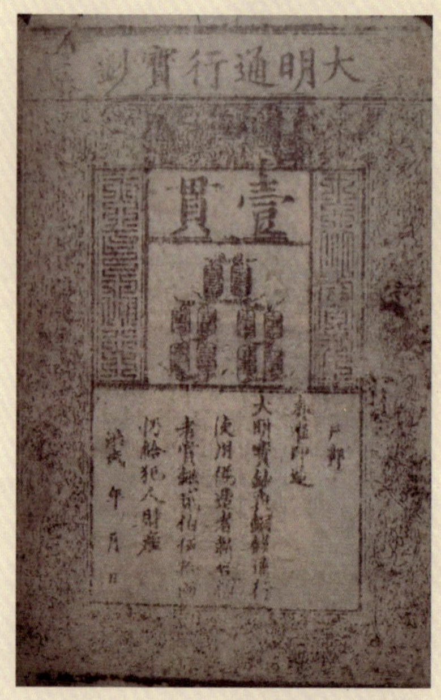

大明通行宝钞

《清代学者象传·袁枚》
（〔清〕叶衍兰绘，纸本设色）

袁枚（1716—1798），字子才，号简斋，晚年自号仓山居士、随园主人、随园老人。其美食著作《随园食单》，便是以淮扬菜为主，涉及徽菜、鲁菜、杭帮菜等其他菜系特色的经典“菜单”。

淮扬菜的咸

“两淮盐，天下咸。”而两淮的盐，首先就要汇聚到扬州地区，再行分销。因此盐成了扬州地区人民做菜最容易用到的调味品。淮扬菜系也因此以咸口为主，又因依江临海，水产食材众多，鲜味十足，跻身中国传统四大菜系（川菜、鲁菜、淮扬菜、粤菜）之一，也是宫廷第二大菜系。时至今日，国宴仍以淮扬菜系为主。

烟花三月，为何下扬州？

婀娜清秀瘦西湖

时人少有听闻，瘦西湖最初是应军事需要疏浚的。瘦西湖原名保障湖，又名炮山河，是在城市防卫功能的需求下产生的。唐宋时期的保障河，为扬州城内西侧一条南北向与运河相通的河道，其南北两端各连接着南北城壕。唐宋之后，其军事防御功能逐渐减弱，逐渐演变为一条由蜀冈通向大运河的泄洪水道，兼作航运之用。而瘦西湖今名来源于清代诗人汪沆“也是销金一锅子，故应唤作瘦西湖”（〔清〕汪沆《瘦西湖》）一诗。

瘦西湖湖面细长，颇具江南婉约风韵。早在至少南朝刘宋时期，扬州城的文人雅士的游憩活动已延伸于此，史书记载刘宋徐湛之修建风亭、月观、吹台、琴室等[6]，其迹至今尚存，后经历代人扩建，其景蔚为大观，至清中后期已基本成型。王振世《扬州览胜录·卷一》载："瘦西湖……而水之回环曲折，实长二十余里。四面湖山，画船来往，舟人打桨鸣榔，兴复不浅。"瘦西湖以其独特的胜景与丰富的文化内涵闻名于世。

瘦西湖五亭桥

6《宋书·徐湛之传》记载了当时徐湛之经营扬州时的旧事："广陵城旧有高楼，湛之更加修整。南望钟山，城北有陂泽，水物丰盛。湛之更起风亭、月观、吹台、琴室，果竹繁茂，花药成行，招集文士，尽游玩之适，一时之盛也。"

盛唐文化在此扬帆起航：大明寺

扬州有八大名刹，而大明寺位其首。其建于南朝宋孝武帝大明年间。游人未进山门，便见雍正年间所立“淮东第一观”石刻，内容取自北宋秦观律诗“游人若论登临美，须作淮东第一观”（《广陵五题其二·次韵子由题平山堂》）。寺内有景多处，如牌楼、西苑芳圃、康熙御碑亭、“第五泉”等，而最具盛名的，乃栖灵塔与平山堂，历史上更有鉴真大师名扬海外。

唐玄宗开元元年（713），鉴真学成后南归家乡扬州，并以扬州为中心，在江淮一带从事宗教活动和社会活动。建于隋代的栖灵塔是鉴真东渡日本之前的传经授戒之处。随后鉴真接连五次东渡日本失败后，终于在第六次东渡成功，为当时的日本带去了大量的佛经、医书，而日本本土的佛教在鉴真的教化与传授中逐渐走向完备。长江、黄河、大运河，这些水系构成民族的血脉，它们沟通辽阔的疆域、舒活经济的脉络，中华文化随它们的流淌一脉相承，源远流长。正如说起大运河，便不得

雪后的大明寺栖灵塔

不提运河文化，大明寺坐落于运河边，又是唐代海洋文化交流的重要中转站。“山川异域，风月同天”，鉴真为唐代中日文化交流所作的杰出贡献，被两国人民永远铭记。

“流到瓜洲古渡头”

瓜洲在南朝至隋朝的200年间，是长江口水下的一片沙屿，因形似瓜而得名。中唐时，瓜洲逐渐淤涨成洲。瓜洲地处大运河与长江的交汇地段，逐渐成为商业集散地。“汴水流，泗水流，流到瓜洲古渡头”（〔唐〕白居易《长相思》），白居易此诗从侧面描述了大运河的串联营运功能，从瓜洲逆流而上，可直通汴水、泗水。瓜洲既是运河要津，又是军事要冲，南宋抗金、抗元，明朝抗击倭寇，太平天国运动等，都将瓜洲作为前线。古人云：“瓜洲虽弹丸，然瞰京口，接建康，际沧海，襟大江，实七省咽喉，全扬保障也。”[7] 清朝时期，经过长江不断冲刷，瓜洲江岸开始坍塌。光绪二十一年（1895），瓜洲全城沉入长江，昔日繁华盛景付诸江流。如今的瓜洲城始建于民国初年，位于原城西北。20世纪50年代，京杭大运河整治工程实施，扬州城段运河截弯取直，瓜洲运河不再是交通大动脉，瓜洲地位也进一步下降。

7《嘉庆瓜洲志》，由清人吴耆德、王养度纂修，清人冯锦、常德编辑。

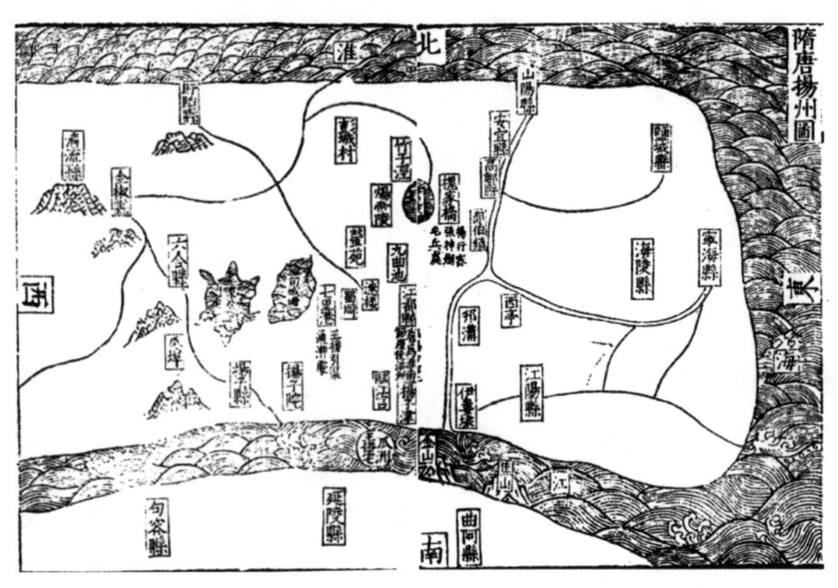

《隋唐扬州图》（选自明《嘉靖惟扬志》）

烟花三月，为何下扬州？

“天下三分明月夜，二分无赖是扬州。”（〔唐〕徐凝《忆扬州》），扬州频繁出现于历代诗人骚客笔下。在这些诗人笔下，扬州如人间天堂，独领风骚。今人提起扬州，脑海中总会蹦出几个关键词，如“烟花三月”“淮左名都”“二十四桥”等。

李白写友人“烟花三月下扬州”，状似白描，又生发出绚烂的韵味，其笔至简、意至浓，使其成为脍炙人口的千古名句。唐朝时扬州的兴盛离不开大运河的开凿。隋开南北大运河后，

〔清〕袁江《别苑观览图卷》（局部）

扬州因处于大运河与长江天然航道的交汇处而成为南北水陆交通的枢纽和财货集散地。《全唐文》如此描述扬州作为交通枢纽的地位："维扬右都，东南奥壤。包淮海之形胜，当吴越之要冲，阛阓星繁，舟车露委。"随着江、淮经济的发展，扬州已经成为唐代的"上海"。当时"世为商贾，往来广陵""富商大贾，动逾百数"，当时谚称"扬一益二"，可见扬州地位。三月阳春，扬州繁花似锦、烟雨朦胧，又怎不令人心生向往?

非物质文化遗产：玉雕

扬州本地并不产玉，但古代扬州的便利交通及富庶却为玉雕的形成与发展创造了便利条件。扬州玉雕是中国玉雕工艺的一大流派。历史上的扬州玉器在成器的题材、种类及工艺造型上均形成了独特的地方特色和艺术风格。现代的扬州玉器兼有“南秀北雄”的风格及典雅秀美、玲珑剔透的艺术特色。清代中叶，扬州玉雕可以说诸品齐备，艺术水平空前提高，尤其是乾隆年间，扬州玉雕进入全盛时期，清宫中重达千斤、万斤的近十件大玉山，多半为扬州琢制。扬州玉匠善雕大件玉器，玉匠又善于把玉雕艺术和书画艺术结合起来，于造型、纹饰方面，借用绘画中的透视效果，镂雕多层花纹，由近而深，由大到小，呈现出具有故事情节的生动画面，其中重逾万斤、被称为“玉器之王”的“大禹治水图”玉山，成为稀世之宝而名闻遐迩。

扬州炒饭

扬州炒饭驰名中外。其选料严谨、制作精细、加工讲究，而且注重配色。炒饭颗粒分明、粒粒松散、软硬有度、光泽饱满，香气四溢。

文思豆腐

文思豆腐选料极严，刀工精细，软嫩清醇，入口即化。豆腐丝细嫩爽滑，配料清新艳丽，汤汁鲜美，回味无穷。

三丁包

三丁包以传统的发酵方法和精细馅心取胜。所谓“三丁”，即鸡丁、肉丁、笋丁，三鲜一体。包子外皮似雪，内馅沁汁，“滋养而不过补，美味而不过鲜，油香而不过腻，松脆而不过硬，细嫩而不过软”，是扬州人早餐桌上的常客。

小澗
大澗
鎮江府
南澗
銀山
昭關
南門橋
泰運橋
羅公廟

镇江

风光北固

百舸争流的江河要津

镇的就是长江

丹徒

镇江自古以来就与运河息息相关，甚至它最初的地名也是如此。南朝时刘宋人刘损曾在《京口记》中这样记述秦始皇东巡凿山的传说：“龙目湖，秦王东观，亲见形势，云此有天子气，使赭衣徒凿湖中长冈使断，因改名丹徒，今水北注江也。”秦始皇来到镇江地区时，亲眼看到这里的龙目湖有天子王气，就派身着红衣的囚徒凿开山脉，使湖水入江，而龙目湖一带就被称为丹徒。

高資山
便民港
金山
郭璞墓
玉山
銀山
蒜山
善才石
京口
大江
西閘
南閘
小閘
北固山
鎮江府
焦山
甘露寺
丹徒閘
大沙
黃泥閘
通江港
東

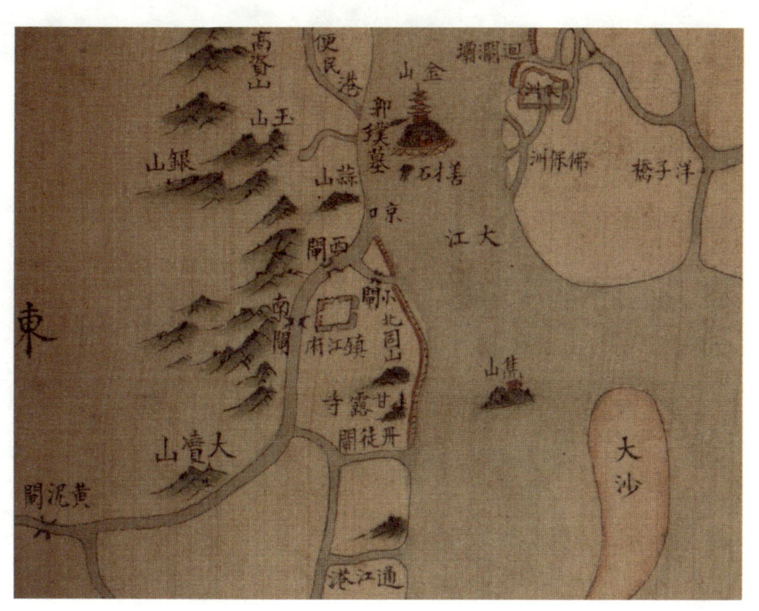

《黄、运、湖、河全图》（局部）

京口

“京口瓜洲一水间，钟山只隔数重山。”王安石《泊船瓜洲》的这两句诗，说的就是镇江（京口）、扬州（瓜洲）、南京（钟山）之间极为便利的交通。镇江、扬州分别位于长江南北岸，而南京从长江溯流而上即可到达。孙权曾经在镇江建都，故更名为京口，这地名一直延续到了宋朝。211 年，出于军事考虑，孙权才将都城迁移至秣陵，更名“建业”（即南京）。

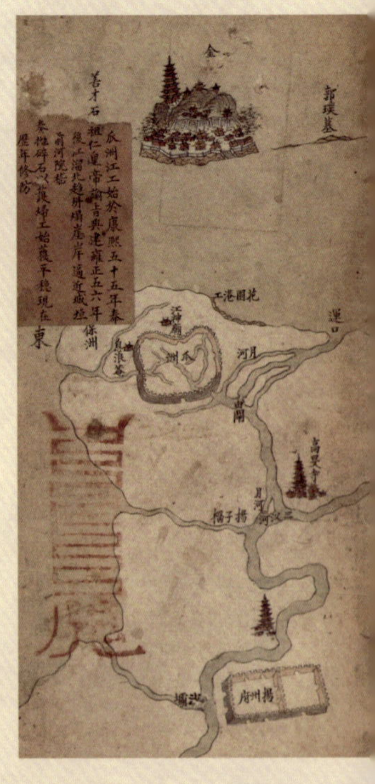

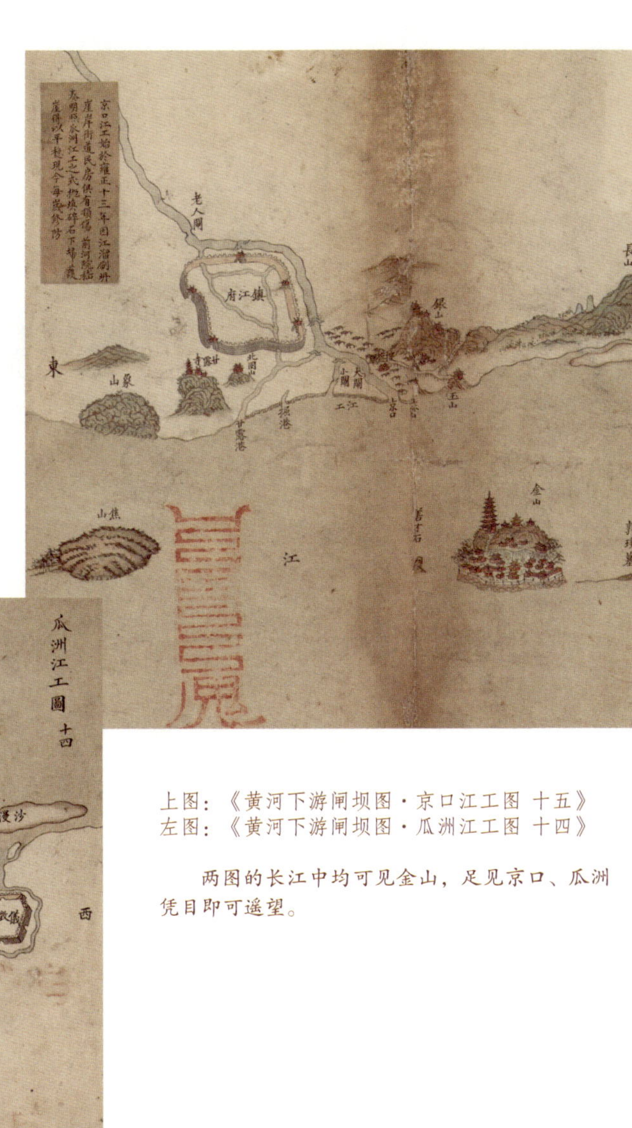

上图：《黄河下游闸坝图·京口江工图 十五》
左图：《黄河下游闸坝图·瓜洲江工图 十四》

两图的长江中均可见金山，足见京口、瓜洲凭目即可遥望。

破岗渎

孙权迁都南京后，镇江的军事地位反而变强了。一是“京口瓜洲一水间”，屯兵镇江，可以北望扬州，支撑孙吴的长江防线；二是镇江又是孙吴首都的北门户，军备更是不能懈怠。除此之外，孙吴政权的财政赋税均来源于三吴（吴郡、吴兴、会稽三郡），所以孙权下令校尉陈勋开凿破岗渎，沟通镇江与南京，方便物资运抵南京。“江月弦魄，秦淮顶潮，君行句溪，正及春水。”[1] 唐朝书法家颜真卿曾如此赞叹句容破岗渎段的春水。

---

1 周绍良主编《全唐文新编 第 2 部 第 2 册》，吉林文史出版社，2000，第 3865 页。

镇江古运河

京杭大运河镇江段全长 42.6 公里，其中有一段被称作镇江古运河的河段，从入江口平政桥到谏壁三汊河口，一共 16.69 公里[2]。这段古运河早在春秋战国时期就已开凿，并被称作“丹徒水道”，秦始皇三十七年（前 210），秦始皇又开凿京岘山，新开丹徒口，于是这条运河便西移了十余里，前文所说的破岗渎运河就是为了连接丹徒水道而开凿的[3]。隋唐之后，这条水道又成为江南运河水系的重要组成部分。

2 刘志祥：《镇江地理探究》，甘肃人民出版社，2012，第 265 页。

3 张强：《中国运河与漕运研究 三国两晋南北朝卷》，世界图书出版公司，2021，第 99 页。

镇海军与镇江军

唐朝时期，京口已经被改名为润州，而这里也是镇海军节度使驻地之一。唐朝时，镇江距长江出海口并不远，故以“镇海”名之。唐中后期的名臣韩滉曾率领镇海军押送粮米前往洛阳，数次救唐廷于水火之中。宋太祖赵匡胤灭南唐之后，一统天下，同时，也将唐代沿用200年的镇海军改制成镇江军[4]。镇江一名由此而来，北宋政和三年（1113），润州升为镇江府。镇江作为地名从此基本没再变过。

宋太祖坐像

4林鲤主编的《中国皇帝全书（三）·宋太祖文选》载有《改镇海军为镇江军诏》：“镇海之号，丹徒旧军。自浙西之未平，命余杭而移置，爰兹克复，方批化条，宜别赐于军名。用永光于戎阃，其润州旧号镇海军，宜改为镇江军。”

漕运咽喉，吴越门户

隋唐以后，镇江的地位愈发重要，钱塘江流域、太湖地区粮米贡赋都需要在这里转运，甚至福建、广东、广西地区的粮米贡赋，也会在此中转。由镇江中转的两浙[5]漕粮占天下漕运的25%，而最多时，经镇江漕运的粮食占全国的68%[6]。可以说，镇江运河在古时曾经起到影响国家经济命脉的作用。清代诗人查慎行的一句传世诗句就生动描绘了镇江漕运曾经的辉煌：“舳舻转粟三千里，灯火沿流一万家。”

---

5 宋代有两浙路，辖区为今江苏省长江以南及浙江省全境。

6 刘志祥：《镇江地理探究》，甘肃人民出版社，2012，第265页。

镇江开埠

1842 年 7 月，英军 1.2 万多人进攻镇江。驻守镇江的官兵与英军血战，这就是镇江抗英保卫战。第一次鸦片战争之后，英国侵略者对富庶的镇江“垂涎不止”，英国驻上海领事阿礼国从 1849 至 1852 年，先后三次向英国驻香港总督兼驻华公使建议“把通商口岸福州和宁波换成杭州、苏州和镇江”[7]。尽管太平军当时在镇江活动频繁，可英国侵略者仍然在第二次鸦片战争结束后，选择镇江作为通商口岸。最后，镇江于 1861 年 5 月 10 日开埠，之后因大量的贸易而使金融和工业有所发展，镇江、无锡和汉口三个城市在当时被并称为长江“三码头”。

7 徐徐：《镇江小史》，江苏大学出版社，2020，第 175 页。

19世纪中期的大沽口炮台

西津古渡

西津古渡，在三国时称“蒜山渡”，在唐朝时称“金陵渡”，到了北宋，它才改称为“西津渡”。西津渡是长江南岸的主要渡口之一。与扬州著名的瓜洲渡口隔江而望，王安石“京口瓜洲一水间”涉及的京口（今镇江）的渡口，指的就是西津渡。西津渡并不是一个简单的渡口码头，人们在此候船、运货，也因此在此定居生活。

隋朝时，自扬子津（当时大运河的入江口）行船至南岸京口（今镇江），此地往来商贩已是络绎不绝。唐开元二十六年（738），润州刺史齐浣改换漕运路线，开伊娄河，长二十五里。

《康熙南巡图》第六卷（局部）

自此从京口渡船可直通扬州，金陵渡与瓜洲相对，开启此地作为漕运重镇的辉煌篇章。北宋时期，云台山麓形成了一条西津渡古街，保存了唐宋以来的青石板街道等建筑风貌。至明代，随着扬州江岸的南移，镇江与扬州之间的江面逐渐变得狭窄，京口与瓜洲之间的距离也越来越近。顾祖禹在《读史方舆纪要·卷二十三》中写道："宋时瓜洲渡口，犹十八里，今瓜洲渡至京口，不过七八里。"清代以后，江岸北移 300 多米，导致原来江水滔滔的渡口变成了旱码头。这里有各行各业的店铺与古渡相接，在西津渡街，现在仍可以看到过去乘客候船的"待渡亭"和上下船的石阶[8]。

8 邵如林：《运河中心话洛阳》，中国旅游出版社，2015，第 296–297 页。

白娘子漫的“金山”，不在杭州

水如何漫了金山？

镇江有三山——金山、焦山、北固山。

焦山是长江中四面环水的岛屿，因东汉时期焦光隐居山中而得名。而白娘子与法海斗法，从而“水漫金山”的故事，更是使镇江金山寺与杭州雷峰塔一并家喻户晓。

白蛇传是中国古代民间四大爱情故事之一。白蛇传说肇始于唐五代时期，基本成型于南宋，至迟到元代已被文人编成杂剧和话本。明代冯梦龙编纂的拟话本《白娘子永镇雷峰塔》是该传说最早的较为完整的文本。明清以降至于现当代，民间的口头文学与各类俗文艺的改编、搬演相互渗透、相互融合，使白蛇传最终成为故事、歌谣、宝卷、小说、演义、话本、戏曲、弹词，以及电影、电视、动漫、舞蹈、连环画等各种文艺形式的经典题材。其影响不断扩大，最终流布全国，并远播日本、朝鲜、越南、印度等许多国家。

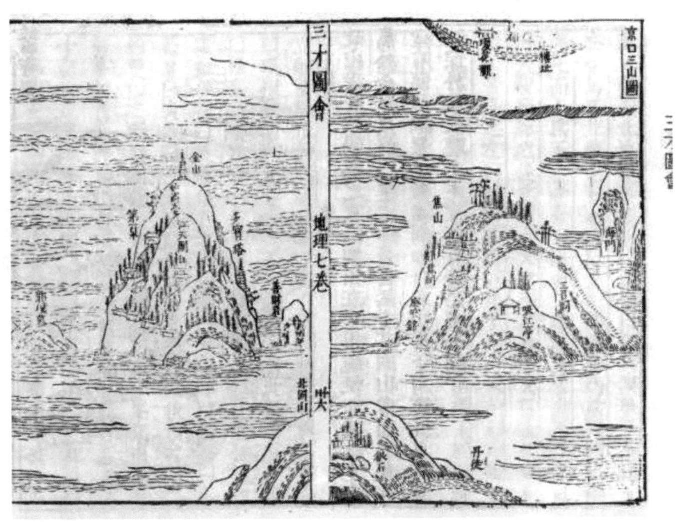

《三才图会・京口三山图》[9]

9《三才图会》一书由王圻（1529–1612）、王思义父子编集，刊行于万历三十七年（1609）。

历史上的金山寺始建于东晋明帝时期。现在游人游金山寺，远远可见寺庙正对江流，仅需沿一条大路便可直奔山门。古时却不然，彼时金山位于长江之中，并无陆路相通，人若想登寺，只能用舟楫往来。清朝同治初年，金山始与南岸陆地相连，水上风光逐渐变为陆上胜境。诗云：“金山杳在沧溟中，雪崖冰柱浮仙宫。”（〔北宋〕郭祥正《金山行》）大江之中有孤山，岛上伽蓝层层，宝刹高耸入云，不怪乎古人将漂于

〔明〕文征明《金山图》

水中的岛屿雅称为“浮玉”，而对金山的描述常与“蓬莱”“瑶境”相关，就连清康熙帝望金山时也不禁赞其“江烟江树无穷尽，不让蓬瀛岛上山”（《金山雨望》），今金山寺山门匾额“江天禅寺”即为康熙御笔。金山寺依山而建，加之慈寿塔突兀拔起，巍然屹立于金山之巅，从江中远望金山，以至于只见寺庙不见山，故此地有“金山寺裹山，见寺，见塔，不见山”一说。

历史上的法海禅师并非宋人，而是唐代名相裴休之子。今金山寺内有一“法海洞”，相传是法海禅师坐禅苦修之处。古往今来，浩浩长江潮起潮落，江内孤岛水位上下浮动亦是必然。正如苏轼诗云：“闻道潮头一丈高，天寒尚有沙痕在。中泠南畔石盘陀，古来出没随涛波。”（《游金山寺》）由此可见，“水漫金山”更像是古人为自然现象所赋予的一种浪漫幻想，但也正是因为古人丰富的想象力与卓越的创造力，才造就了中华民族悠久辉煌的历史与文化。

满眼风光北固楼

“何处望神州？满眼风光北固楼。”（〔南宋〕辛弃疾《南乡子・登京口北固亭有怀》）

南宋开禧元年（1205），爱国词人辛弃疾登北固楼，望悠悠长江滚滚东流，怀古伤今之情勃然而发，挥毫写下著名的“北固双璧”。

“千古江山，英雄无觅，孙仲谋处。”（〔南宋〕辛弃疾《永遇乐・京口北固亭怀古》）尽管北固楼实际由南朝梁武帝赐名[时南朝梁大同十年（544）]，但辛弃疾的词将“北固楼”与“孙权”在大众的印象中紧紧联系在了一起。孙权曾在此建立短暂的都城，名“铁瓮城”，据南朝梁顾野王所撰《舆地志》载，此城“周回六百三十步，开南、西二门，内外皆固以砖壁”，遗址位于北固山前峰处。211 年，出于军事考虑，他才将都城移至秣陵，次年改名为“建业”。为了新都城的物资供给，挖掘运河一事再一次进入孙权视野，即“破岗渎”。

三国时的北固山很大，包括前峰 、中峰和后峰，如今仅剩下临江的后峰，即北固山主峰，即使如此，游人依旧可感受其北临长江、三面悬崖的险峻山势。

金山寺水陆法会

水陆法会，又称“水陆道场”“水陆大会”等，是古代佛教设斋供佛用以超度亡灵的法事活动，也兼具追忏悔过、积德行善等功能。金山寺水陆法会是中国佛教经忏法事中最隆重的一种，距今已有1500多年的历史。它是佛教中国化过程中形成的综合性大型法会，相传梁武帝曾于梦中得到启示，醒来后与宝志禅师商议，创作了仪轨，并于天监七年（508）在金山寺始作普度众生的大斋会。今法会主要流程有结界洒净、遣使发符、请上堂、供上堂、请下堂、供下堂、奉浴、施食、授戒、送圣等。举行这些法事活动，最少要7个昼夜，多者可达49天。参加法事的僧人少则48人，多则上百人，十分隆重。为金山寺水陆法会仪式所配的音乐，融合了南北朝以后各朝代的音乐成分。

〔明〕《慈圣皇太后款水陆缘起图》

水陆画，是伴随佛教水陆法会而产生并发展起来的宗教文化遗产，其图像内容主要依据水陆仪轨及民俗信仰进行绘制。图中文字描述了梁武帝梦中得神僧启示，后创作水陆仪轨的经过，内藏净化心灵、行善积德、向往天下太平的美好愿望，具有重要的宗教价值，以及音乐、绘画、语言、仪式等艺术价值，影响广泛。

镇江香醋

镇江香醋具有“色、香、酸、醇、浓”五大特色。其色泽清亮、酸味柔和、口感绵和、香而微甜，色浓而味鲜，且久存愈香，醋质如一，非常适合作为各种肉馅小吃的蘸料食用。

锅盖面

将汤罐上的小锅盖代替大锅盖，撂到面锅里，煮出的面条清香可口，汤清面软，不黏不乱，青菜鲜嫩，面体软硬适中，弹性好，即为“锅盖面”。

水晶肴肉

以硝当盐腌猪蹄，烧煮后，肉红皮白，光滑晶莹，卤冻透明，犹如水晶。水晶肴肉肥而不腻，佐以姜醋，味道独特浓郁，食味醇厚，嫩脆清新。

南通

“中国近代第一城”

紫琅静海

南通水运与张謇的实业救国

江淮之委海之端

南通钟楼上面刻着一副张謇写的对联：畴昔是州今是县，江淮之委海之端。第二句说的便是南通的地理位置，南通地区在先秦两汉时期，大多还在海里。汉朝时期，长江江流减缓，所挟泥沙沉积，逐渐形成沙洲，后连缀成片，南通于是成陆。长江、黄海、东海三水激荡而汇，便是“江淮之委海之端”生动描绘的地貌。

南通州

“南通州，北通州，南北通州通南北。”相传这是乾隆皇帝下江南，路过南通时触景而发写的上联，也有说这是纪晓岚写的。北通州指的是现在的北京市通州区，南通州即指现今的南通。这个对联其实也说明了南通在当时就已经是一座通南通北、交通便利的城市。

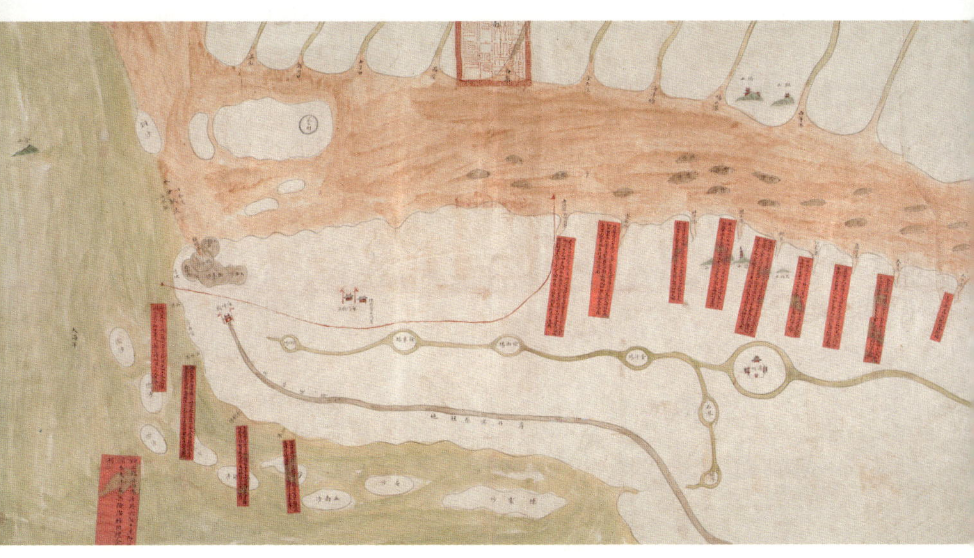

《通州江海舆图》（局部）

《通州江海舆图》大约制于清道光二十年（1840），图上有注“水分咸淡”“江水淡、海水咸”字样，而江与海之间的区别，也在图中通过不同的颜色表现出来。图上的 15 处红签，标记了长江口岸各港口涨水深、暗沙、暗礁以及距离大洋的里程。

《大清一统志》记载通州“险据江海之防，雄扼岛屿之薮，东北濒海，地当津要。狼山耸峙，江北海防重镇”，即可见南通的地形、地势和重要性。于是，通州在雍正二年（1724）从扬州府划出，升为直隶州。

通扬运河

通扬运河贯通江苏扬州、泰州、南通三市，有两条。北边的一条是有 2000 多年历史的老通扬运河，原是汉朝吴王刘濞开凿的茱萸沟，最初也没有通到南通境，仅连通泰州与扬州，之后又通海安、如皋而达于南通。老通扬运河，也被称作运盐河，刘濞之后，历代统治者为了获得更多的盐税，又逐渐将这一河道向东南新涨海滩延伸，最终到达南通，与长江相通。老通扬运河全长约 150 公里，至今仍可以通畅运行。另一条是中华人民共和国成立后开挖的新通扬运河。

两条通扬运河近乎平行。之所以新修一条通扬运河，最简单直接的原因，就是对于现在的船舶来说，老通扬运河有点窄。

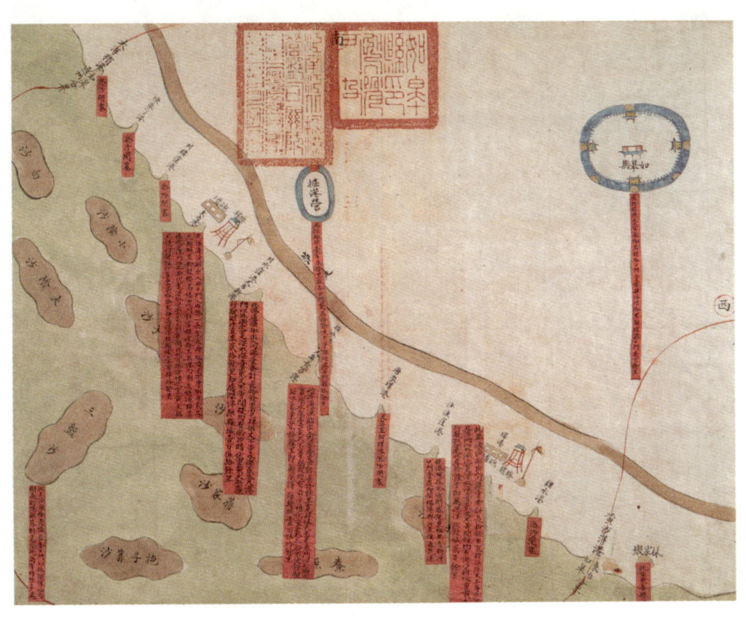

《如皋县沿海口岸图》（局部）

该图成于清道光年间，图题红签不完整，故依内容拟题“如皋县沿海口岸图”。图有钤印，上书汉文“如皋县印”“江南江北掘港营都司关防”，可以说明该图为官绘进呈军事图。全图未附图例、比例，方位标示于图沿四周，该图以上南下北指示方位。图中以实体形象绘制港湾瞭楼及炮墙，其余约略以线条描绘；各处港湾、沙洲以文字注记。

通吕运河

通吕运河原名“运盐河”，开凿于南宋咸淳元年（1265），是两淮制置使李庭芝调动民力开凿的一条由通州经金沙、余庆场（今余东）至海的大运河，以供王师调行军舟之用，这便是通吕运河的雏形。

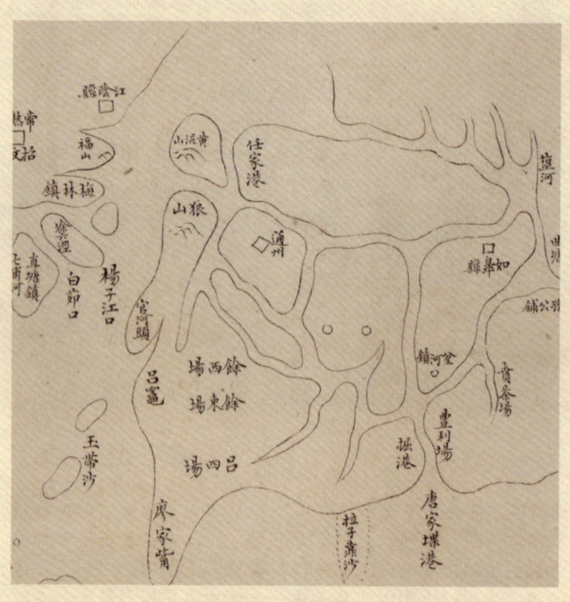

《七省沿海全图》（局部）

上图由金保彝摹绘并制成于清光绪七年（1881），原制图者生平不详。上图系六幅地图之一。套图均为手绘摹本，描绘了山川海岸、岛屿暗礁等景观，也对府、州、县等行政区划进行了标示。每图还附加了文字，用以说明当时的海防、水文、航道等信息。

张謇

大生纱厂

张謇的实业救国，为什么要从纱厂开始？棉纱在鸦片战争以后，就是英国向中国输出的主要商品，三四十年中，中国棉纱进口数量越来越多。和 1881 年相比，1891 年中国棉纱进口的数量突增六倍以上。1892 年达到了最高峰 130.4 万担[1]。彼时的进口棉纱大多来源于印度，产量大，价格低，中国产棉的售价反而有所上涨，一时间，国内市场几乎被进口棉纱占据。张謇在这种背景下，选择主办大生纱厂，也有以实业抵抗列强的经济侵略的含义。大生纱厂的名字取《易经》“天地之大德曰生”中的“大”“生”二字，而张謇对近代工业的看法，也是“养民之大径，富国之妙术，不仅为御侮计，而御侮自在其中矣”[2]。

1 上海社会科学院经济研究所、上海市国际贸易学会学术委员会编《上海对外贸易（1840—1949）（上册）》，上海社会科学院出版社，1989，第 47-48 页。
2 李舒瑾：《中国近代外贸思想研究》，河南大学出版社，2001，第 88 页。

唐家闸

张謇为大生纱厂挑选的厂址唐家闸其实与运河息息相关。唐家闸口位于老通扬运河与港闸河的交汇点上[3]，张謇称这里“地介内河外江之间”[4]。这条运河自吴王刘濞时期开始就承担了运盐运粮的使命，之后延长到南通，更是使得南通这一地区南北通达。于是，唐家闸因为这独特的水运优势，成了中国近代民族工业的发端地之一，它本身也因此迅速发展。如今，唐家闸作为“近代工业遗存第一镇”，已在保护中迎来了新生。

---

3 单树模主编，《江苏省》编纂委员会编《中华人民共和国地名词典 江苏省》，商务印书馆，1987，第155页。

4 张謇著、文明国编《张謇自述》，安徽文艺出版社，2014，第132页。

1915年，河海工程专门学校开校典礼（第一排左十为张謇）

河海工程专门学校

张謇不仅提倡实业救国，而且也是现代水利教育的创始人。其中，河海工程专门学校这所中国第一所水利高等教育学府，就是由时任全国水利局总裁张謇倡议成立的[5]。教育家黄炎培、沈恩孚响应倡议，在南京开办了这所学校，而它正是如今著名的河海大学的前身。

河海工程专门学校图书馆

5 陈国达、陈述彭等总主编《中国地学大事典》，山东科学技术出版社，1992，第609页。

张謇导淮

在当时，张謇作为全国水利局总裁，开创了许多治水先河。他所作的《江淮水利施工计画书》，充分体现了他在水利工程方面强调工程设计的先进理念。他强调，要运用比以往更为科学精确的现代实测和计算等技术手段，进行工程概念设计。他在“计画书”中，开篇就列出实证测量数据，叙述了“实测山之高”“河之长”，他还说：“謇于辛亥二月，创设水利测量局于清江浦，从测量淮、沂、泗、沭各干河现有之宽、窄、高、下，为入手之初步。其次及于湖荡，又其次及于民地，求得全

张謇部分治水著作

部地面之真形。庶河川之经行，沟洫之分配，在有合宜之位置，顾地面真形，既知之矣。”[6]也正因如此，张謇在《江淮水利施工计画书》里提出的“七分入江、三分入海”策略，非常具有前瞻性，因为这样的策略，是根据各项数据的测量和推演而得来的。

除此以外，张謇突破以往轻根治、重灾后赈灾的传统做法，主张防灾、治灾重于救灾、赈灾，以标本兼治之策，彻底根治水患。他认为，每次水灾后要花费大量的官赈和华洋义赈费用，“而灾犹未已，而赈且立穷”，这毕竟不是一个法子。他说，“治淮，须谋适当之去路，近于创始性质”，这不仅就导淮的具体线路而言，也是指治淮原理和方法要变革。

6《张謇全集》编纂委员会编《张謇全集 4 论说 演说》，上海辞书出版社，2012，第 387−398 页。

南通的“江风海韵”

濠河：南通城的“翡翠项链”

濠河原为古护城河，史载后周显德五年（958）南通筑城时即有河，一座城市有了水就有了灵气，南通有了濠河，便有了一份豪迈、一丝细腻。濠河是现在国内仅存的四条古护城河之一，千百年来，她担负着防御、排涝、运输等重任，被称为“人身脉络”。而其又以宽窄有序的水面，清澈的水流，迂回荡漾、鸥飞鱼翔的自然美景，被誉为城市的“翡翠项链”。

濠河之滨分布着中国人创办的最早的博物馆——南通博物苑、唐代古刹天宁寺、南通古城墙唯一的遗迹北极阁、明代古塔文峰塔等。爱河是南通人乡情的传承，濠河畔历经多次修葺，亭台桥榭掩映其间，画舫游艇荡漾水中，更增添迷人风情。

南通濠河夜景

天宁寺与寺街

寺街，顾名思义，有寺才有街，此寺就是素有“一州之伟观”之称的唐代古寺天宁寺。天宁寺，初名为光孝寺，寺庙坐北朝南，以山门、金刚殿、大雄宝殿、药师殿（今改为藏经楼）为中轴结构，西部为禅堂、僧寮，布局严谨。寺西北隅有五级八面、砖木混合结构的光孝塔，山门前有照壁一块、石狮一对护持。天宁寺始建于唐咸通四年（863），而通州建城是后周显德五年（958），前后相差近一百年。故南通有“先有寺，后有城”的说法。

寺街地处南通古城西北隅，街主干道为南北走向，路面由方形石铺就，东西方向小巷穿插其中。寺街虽名为“街”，实则极窄，且这条路并非人所想象的“商业街”，而是市井烟火味道浓厚的老街区，至今仍有不少人家在寺街里生活居住。寺街人杰地灵，除天宁寺外，寺街里还有建于宋代的紫薇书院、清代办学时间最长的紫琅书院；有一位状元、一位榜眼、十八位进士的故居；有张謇和他的同道们创办的全国第一所设本科

雪中的南通寺街

的女子师范学校；有南通第一所高等小学和唯一的省立小学以及南通第一所平民小学；有桃李满天下的南通中学；更有革命年代中共地下党的联络站、革命烈士的故居……方圆约 14 公顷的古街区内，错落地散布着明清与民国时期的建筑古迹，平凡的日常与历史的厚重于此交织，共同构成寺街独特的文化气息。

非物质文化遗产：南通蓝印花布

南通蓝印花布，又名“药斑布”“浇花布”，其源于秦汉，兴盛于商业发达的唐宋时期，清人陈梦雷所编巨著《古今图书集成》卷中记，“药斑布——以布抹灰药而染青，候干，去灰药，则青白相间，有人物、花鸟、诗词各色，充衾幔之用”。南通是蓝印花布之乡。现代蓝印花布的制作需经图案设计、制版、漏版印花、植物染料染色、刮浆显花与清洗等程序，均为纯手工而成。蓝白二色的搭配符合中国传统的审美标准，仅此两色便可创造出一个淳朴自然、千变万化、绚丽多姿的蓝白艺术世界。其图案取材于百姓喜闻乐见的民间故事、戏剧人物，但更多是由动植物组合成的吉祥纹样，采用暗喻、谐音的手法，纹样朴素优美，寄托了百姓对美满生活的向往和朴素的审美情趣，在我国民间艺术中独树一帜。

狼山鸡

狼山鸡是原产于南通如东的一种古老的地方鸡种。其黑羽红冠、体态雄壮、皮薄肉细、蛋多且大。狼山鸡的烹饪方法多种多样，炒、烧、溜、炸、炖、焖无一不可，而以清炖为最佳。

芙蓉藿香饺

以芳香性草本植物藿香的叶作饺皮，以桂花豆沙作馅，软炸而成藿香饺。其外观如芙蓉花蕾含苞待放，洁白如雪，隐含绿意；入口清凉留香，祛暑化浊；食后口胃清凉，余香良久。夏暑时节食用最为适宜。

如东文蛤

南通如东百里海疆，万顷滩涂，蕴藏着无数海鲜珍品，其中以文蛤享誉天下，被誉为“天下第一鲜”。一年之中，秋日文蛤最为肥美。文蛤壳厚肉肥，成菜后饱满含液，口感滑嫩，鲜冠群菜，是一道色美、形美、味更美的珍馐。

泰興
靖江
鎮江
丹陽
常州
江陰
無錫
金壇
金匱
昭文
常熟
溧陽
宜興
荊溪
蘇州
元墓
太湖

常州

中吴要辅

廪丰仓实的东南根柢

苏常熟，天下足

季札封延陵

吴王寿梦认为四个儿子中季札最贤能，应当继位，但季札认为应当传位于大哥，就推辞了。大哥继位后没多久，便去世了，二哥再次推举季札，但季札又推辞，于是，公元前 547 年，当上吴王的二哥便将都城周围最大的一片地，就是延陵，封给了季札，这片土地就是现在的常州、无锡、江阴、丹阳、宜兴等一大片地区。而延陵也作为常州最早的名称流传下来。

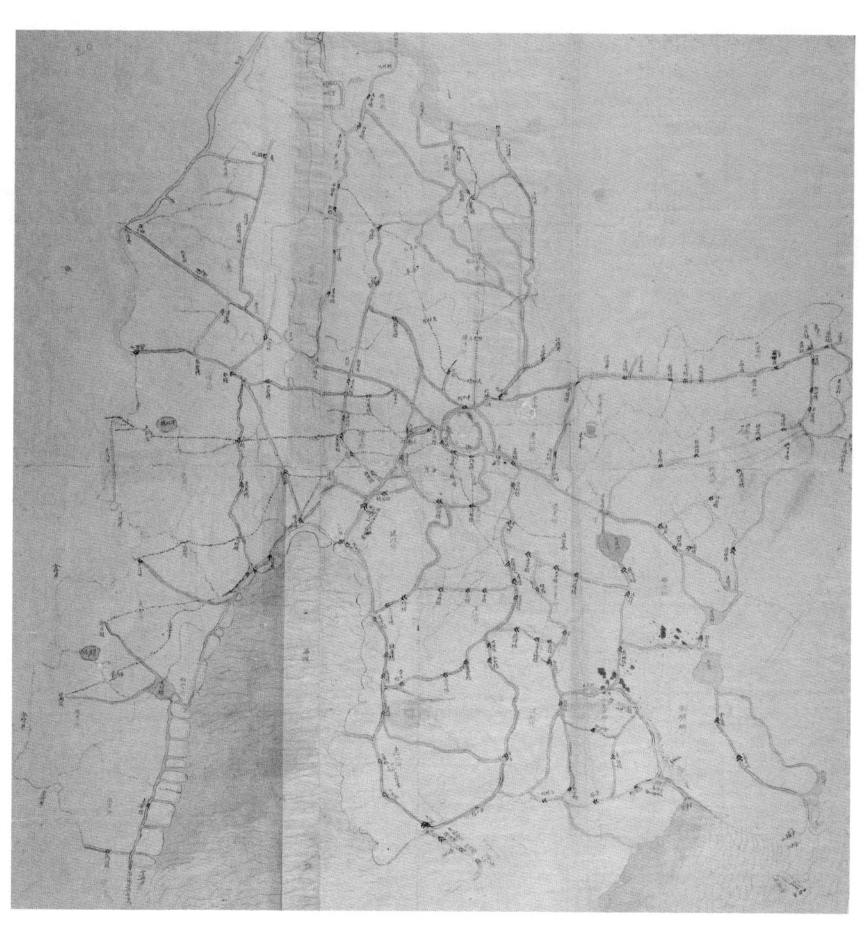

《常州府武进阳湖两县乡境与桥梁图》

该图制成时间大约为清道光中期至咸丰年间。

淹城

曾经有一个说法：明清看北京，南宋看杭州，隋唐看西安，春秋看淹城。淹城遗址始发掘于 20 世纪 30 年代。古籍中对淹城的记载不尽相同，有的说，淹城是季札的封地；有的说，这里是关押越国人质的地方。淹城的大体形态是三城三河，城外绕河，河外环城，结构非常独特，而且，淹城外的三条河，全部都是人工开凿的运河。古人之所以总是连起来说“城池”，恐怕我们看到淹城的样子，就知道原因了。

江东之州，常州为大

唐朝时期，常州曾被列为十大望州[1]之一。在京杭运河完工通航之后，常州的地理优势就更加显著了，它左连长江，右接太湖，运河穿城而过。唐朝诗人独孤及被派往常州当刺史之后，曾主动上表感谢皇帝，认为“江东之州，常州为大”，能到常州当刺史，简直是莫大的荣耀。

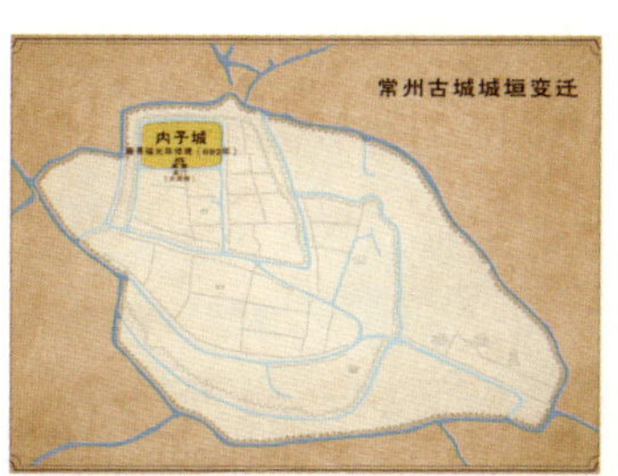

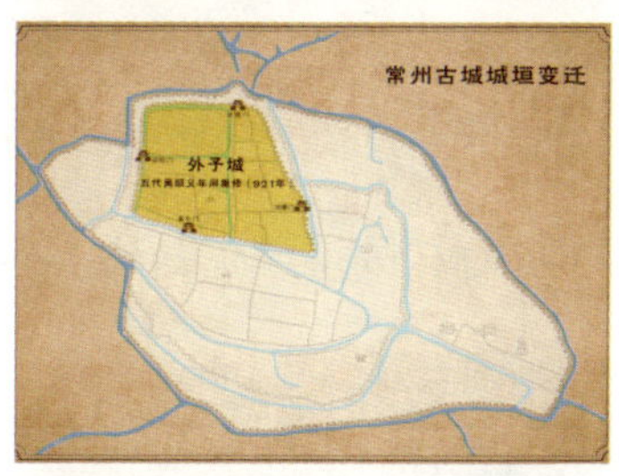

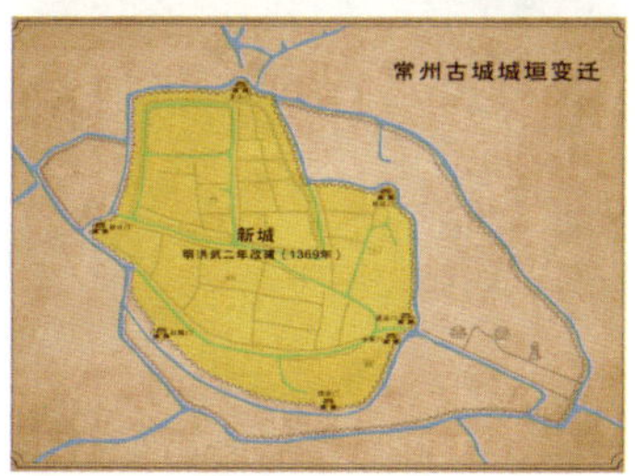

《常州古城城垣变迁图》
（图片来源：常州市测绘院）

1 望州，类似于今天的计划单列市。

宋代第四大城市

常州与其他沿河而兴盛的城市不同，京杭大运河直穿常州，将常州一分为二，顺河而来的船只也穿城而过。隋唐时期，江南运河从朝京门外广济桥入城，后经西水关由东水门而出。舟来船往，来到常州的商贾漕丁络绎不绝。常州经济日隆，人口迅速增长。宋代时，常州城规模仅次于开封、苏州、杭州，因而有“三吴襟带之邦，百越舟车之会”的美誉。

运河改道

京杭大运河的河道千年以来不停地改道，也导致常州城不断随运河而改变，面积不断扩大。自隋以后，常州成为漕运重要驿站，运河从元朝到 21 世纪曾三次南迁，使常州形成了现今“依河建城、河随城迁、河城相套”的“三河四城”风貌[2]。宋朝时，常州已经是中国的第四大城市。明朝开国大将汤和被封在常州时，就曾向朱元璋建议改小常州，因为它比首都南京还要大。朱元璋听从了建议，将常州改成了原来的四分之一大小。

《江苏全图》（常州局部）

2《看这些国家战略机遇中的常州担当》，载于《常州日报》2019 年 9 月 30 日第 A04 版。

奔牛闸

大运河常州段由奔牛镇九里村入境，至横林古槐滩出境，全长 45.8 公里。奔牛镇自古以来就是一处非常有名的地方。宋《咸淳毗陵志》引《舆地志》记载："汉时，有金牛出山东石池，到曲阿，入栅断其道，牛因骤奔，故名。"又引《四蕃志》记载："万策湖中有铜牛，人逐之，上东山入土窟，走至此栅，今栅口及堰皆以此号。"如果按照这样的说法，从汉朝开始推断，那么奔牛镇的名字已经有 2000 多年的历史了[3]。

奔牛镇上的奔牛闸，是十分著名的水利地标。奔牛闸何时而建，有三种说法，一说春秋，二说齐梁，三说隋朝。《南齐书·全景文传》曾言："到奔牛埭，于岸上息。"可见奔牛闸于南北

3 胡其伟、周晨、姜浩：《阅读运河》，上海交通大学出版社，2014，第 243 页。

《康熙南巡图》第六卷（局部）

《康熙南巡图》是由清代画家王翚（1632—1717）主持绘制的艺术及历史巨作，共计12卷，总长超过200米。《康熙南巡图》展现了康熙帝第二次南巡（1689）从离开京师到沿途所经过的山川城池、名胜古迹等。所绘人物万余个，牛、马、犬、羊等牲畜数千，江河山川、城池衙署、街衢闾阎、典当商行应有尽有。

上图是《康熙南巡图》第六卷的局部，该卷绘述了康熙从奔牛镇经大运河至常州府的过程。第六卷不像其他卷本，或藏于故宫博物院，或藏于国外艺术博物馆，而是被分成了七份，分别收藏于不同的私人藏家手中。

上图中的桥即万缘桥，目前该桥仍在使用。

朝时期就已经出现。因为对水运民生发挥了非常重要的作用，奔牛闸在唐宋时期就已经十分有名。宋熙宁年间，在中国云游的日本僧人成寻在《参天台五台山记》中记述了奔牛闸的运作过程："九月八日，到奔牛堰宿。九日卯时越堰，左右各有辘轳五，以水牛十六头，左右各八头。"[4]但奔牛闸也有废养疏护的时候，北宋苏轼路过奔牛闸时，就曾感慨"东来六月井无水，仰看古堰横奔牛"[5]。

奔牛闸屡屡荒废，但因其能发挥重要作用，又常常重修。常州现存最早的地方志《咸淳毗陵志》中，收录了大诗人陆游的一篇文章《常州奔牛闸记》，其中就记载了知州赵善防在常州重修奔牛闸的过程，并且论述了漕运的重要性[6]。如今我们所熟知的"苏常熟，天下足"，便是从此文而来。

4 翟光珠：《中国古代标准化》，山西人民出版社，1996，第 221 页。
5〔清〕曾国藩纂《十八家诗钞 上》，岳麓书社，2015，第 645 页。
6 程国政编注《中国古代建筑文献精选 宋辽金元 下册》，同济大学出版社，2010，第 46 页。

《常州营汛境地界驻兵全图》

该图于清乾隆、嘉庆年间制成，图背红签题名“常州营绘呈卑营汛境驻兵数目地界全图”，此图题据此而定。全图不附图例、比例，标注相邻县界及相距道里（道里：指路程，泛指长度、距离）数。图中形象地描绘了山丘、河道、营汛及桥梁等，并在各处注记文字，标明各汛驻扎兵丁的员额。

永嘉南渡

永嘉南渡，是中国历史上第一次由北向南的大规模人口迁徙。西晋的司马氏及其王族、官员，大多迁往南京建都，据《中国移民史》，现在的江苏省接受了这次移民当中 70% 的人口；而常州则接受了这 70% 中的 70%，也就是说，差不多有一半的移民人口留在了常州。据考，著名书法家王羲之家族西晋末年就定居在常州地区。

王羲之《兰亭序》（〔唐〕褚遂良摹本，局部）

常州的漕运

随着京杭大运河的通航，常州迅速地发展起来，到了宋朝，每年在常州转运的粮食量达到了最高峰，有七百万石，以至于有人如此形容常州："苏松至两浙七闽数十州，往来南北两京者，无不由此途出。"[7]明洪武二十六年（1393），常州府实征粮米五十三万多石，接近广西、云南两地总和。清雍正二年（1724），武进全县共有漕白（指运军粮和白粮的船队）120多艘，停泊在西门城外永丰里大王庙一带，后泊至白家桥一带，直到道光初年[8]。

7 杨鹏：《通道经济：区域经济发展的新兴模式》，中国经济出版社，2012，第17页。

8 向斯：《乾隆南巡的故事》，故宫出版社，2016，第228页。

除了恐龙园，还有它们

天宁禅寺

千年古刹天宁禅寺雄踞常州中心城区，大运河在不远处缓缓流过。天宁禅寺始建于唐贞观年间，禅宗牛头宗初祖法融禅师，因山中僧人无食，来家乡常州募化斋粮时“筑室十余楹”，供僧人栖身，为开山之始。唐天复年间维亢禅师途经常州，听说法融禅师的旧事，就“施舍利，卜寺址”，正式建寺，起名为“广福寺”。宋朝始，寺中法会极盛，寺志中有“法会之盛，闻名遐迩，庄严妙胜，甲于东南”之记载。北宋政和元年（1111）徽宗下诏改为“天宁寺”，之后三易其名，元至元年间复称天宁寺，沿袭至今。清时天宁禅寺香火旺盛、法规严谨、仪式隆重，乾隆因题“龙城象教”一匾。今日所见天宁寺塔八角飞檐，形态端庄，高耸入云，重建于2007年。禅寺规模宏大、古木参天、曲径通幽，实为繁华都市中少有的清净乐土。

天宁禅寺塔

春秋运河：大运河常州段

大运河在常州境内全长 45.8 公里，其中有 23.4 公里穿城而过。古往今来，运河两岸均是常州城经济繁华之地，留下“米市河”“豆市河”“青果巷”“前后北岸”等历史悠久的地名。今日常州市区自西水关沿西下塘、东下塘，穿过新坊桥、元丰桥至东水关的河道，仍然保留着春秋时期的运河流经的路线，被称为“春秋运河”。大运河周边有许多文物古迹，如宋苏轼系舟的舣舟亭，清乾隆帝南巡时上岸的御码头等。

讲运河故事，自然少不了奔牛闸。而自奔牛闸往东，一座名为万缘桥的古桥横跨于大运河与老孟河的交汇处。万缘桥，堪称常州最具“人情味”的古桥。远看此桥，其上人来人往，熙熙攘攘；桥下百舸争流，蔚为大观。大运河流经常州西门外，一座高大的三孔石桥如长虹般横贯运河南北两岸，名为广济桥，俗称西仓桥，顾名思义，桥与“仓库”有关。西仓桥堍是常州著名的粮库——西仓库，这座粮库建于明正统五年（1440），较西仓桥还早 60 余年，可谓先有西仓库，再有西仓桥。当年西仓

库储武进漕米，规模宏大，是常州最大的“官仓”，周边逐渐形成江南有名的米市，这一河段由此得了“米市河”的美名。运河北岸的锁桥湾附近的商市以豆行为主，故称“豆市河”。说是豆市河，实际上是豆市街，它是江南有名的豆类集市。常州豆市起步于明宣德年间，清末光绪二十八年（1902），随着孟渎、德胜、澡港三河的相继开凿，常州水运进一步完善，豆市也快速发展，至民国早期达到鼎盛。至民国十七年（1928）时，常州豆行就已有同丰、潘同昌、宝成等 10 家。

常州大运河夜景

非物质文化遗产：常州留青竹刻

留青竹刻是常州的传统工艺品之一，在中国工艺美术百花园里亦有一席之地。留青竹刻是用竹子表面一层薄薄的竹青雕刻图案，铲去图案以外的竹青，露出竹青下面的肌理。雕刻时作者巧施全留、微留、不留、多留、少留的功夫，使作品显现出层次、明暗、浓淡，从而呈现出艺术表现力。留青竹刻，不仅考验了作者的刀功与艺术表达能力，而且体现着其在雕刻、书画、诗文、印章、造型等方面的造诣，具有很高的观赏性和珍藏价值，为历代名人雅士所喜爱和珍藏。

留青竹刻

天目湖砂锅鱼头

作为常州十大名菜之首的天目湖砂锅鱼头，以天目湖盛产的八斤左右的野生灰鲢的鱼头为食材，配以清冽、纯净的天目湖水，以文火久煨而成。咸菜鲜而不腥，鱼肉肥而不腻，汤汁乳白、原汁原味，享誉全国。

稻草鸭

常州稻草鸭多见于常武地区。其用料讲究，工序复杂，鸭肚内含乾坤，有蜜枣、松仁、白果等食材，外以稻草包裹，经深卤后稻草味浸入鸭肉，清香与卤味交融。成菜鸭形可辨，肉烂骨酥，味道独特。

常州素火腿

常州素火腿以豆腐衣制成，经制卤、渍皮、卷制、捆扎、上笼、蒸制、放凉等多道工序，成品呈豆黄色，芳香四溢，入口微甜干鲜，韧而柔软，醇郁爽口，虽非真正的肉类，却仍可胜之。

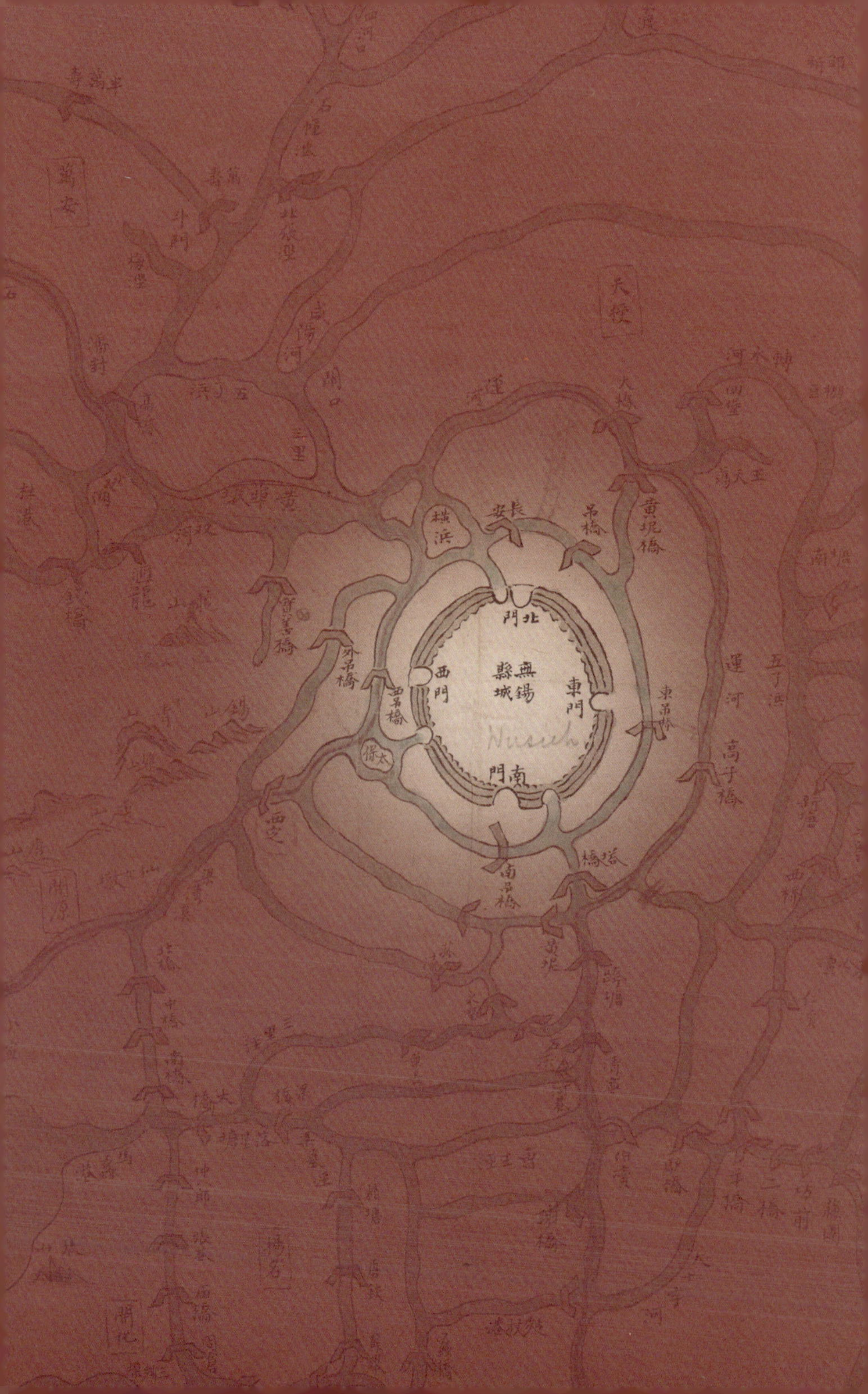

北門
西門
東門
南門
無錫縣城
Wusieh
天授
運河
黄埠墩

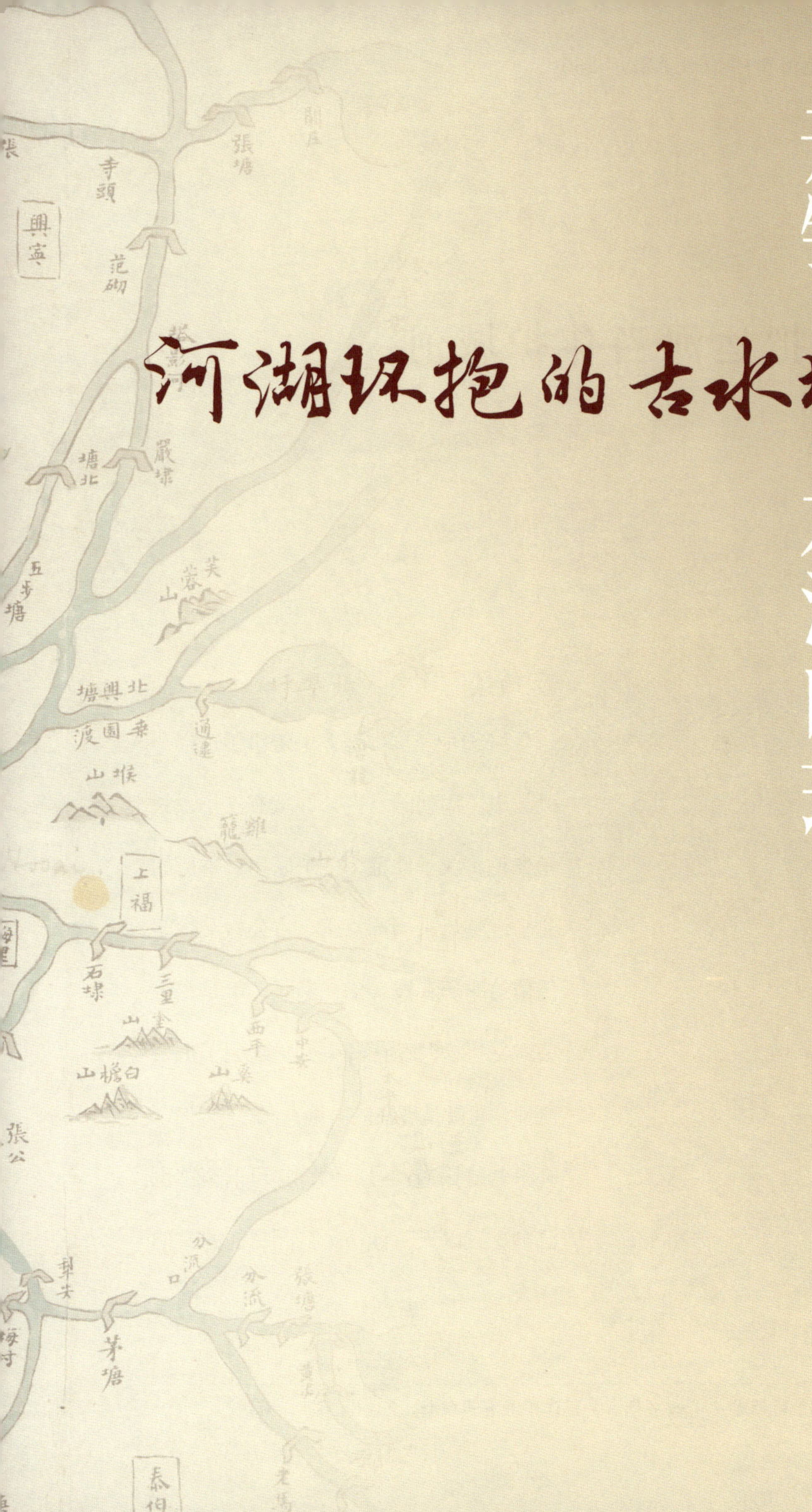

无锡

河湖环抱的古水城

太湖明珠

把运河当作护城河

泰伯渎

《史记·周本纪》中曾讲了这样一段故事。周朝国君古公亶父有三子，长子泰伯，次子仲雍，三子季历。季历的儿子就是后来的周文王。古公亶父想要传位给季历，被泰伯知道了，于是在古公亶父生病时，托辞采药，跑到了荆蛮之地，也就是现在的吴地[1]。关于泰伯，孔子曾赞扬道："泰伯，其可谓至德也已矣。三以天下让……"而贤能的泰伯

1 蒋伯潜：《四书读本》，江西教育出版社，2018，第 147 页。

在吴地开凿了目前已知最早的人工运河——泰伯渎。2019 年，无锡梅里遗址考古现场发现伯渎河（即古籍中所说的泰伯渎）的河岸有明显的人工痕迹，证实了泰伯渎的真实性，同时也将中国运河的历史往前推了上千年。

《康熙南巡图》第七卷（局部，绢本设色）

江南水弄堂

无锡城区段的古运河，由北面吴桥至南门外下甸桥，全长约 11 公里。古运河虽短，但上下两段的景致却截然相反。河道宽敞处，犹如江面；河道狭窄处，两岸居民隔着河边的窗户，可以相互说话，如同弄堂一般。因而无锡古运河，也被誉为“江南水弄堂”。

江南水弄堂——无锡古运河

春申君黄歇

“立无锡塘，治无锡湖”是春申君黄歇在无锡所作的贡献，让吴古故水道与芙蓉湖（即无锡湖）涯际初分。南宋《咸淳毗陵志》载：“秦庄襄王二年癸丑，春申君徙封江东，城故吴墟。”

黄歇主要以治水的方式来治理吴地。当时芙蓉湖吴古故水道盘错交集，有一万五千三百顷（1 顷≈ 0.067 平方公里），蓄水量相当大，雨季就成涝成灾。于是黄歇在一部分水段边加筑堤岸，将河与湖区分开来，这样既保障了航运，也可引湖水以浇灌沃田，注入太湖[2]，使得无锡河湖初步有了航运、泄洪、抗旱、灌溉等功能。黄歇之后，无锡之水也开始被称作“塘”，无锡城西北的“北塘”，城南的“南门塘”，均来源于此，甚至无锡运河也被百姓称为“塘河”。无锡的许多地名，如“黄埠墩”“大王基”“春申涧”“黄田港”“春申路”“黄山”等，则是民众对春申君黄歇的纪念。

2《越绝书》载：“无锡历山，春申君时盛祠以牛，立无锡塘。”“无锡湖者，春申君治以为陂，凿语昭渎，以东到大田，田名胥卑。凿胥卑下以南注大湖，以写（泻）西野。”

《康熙南巡图》（局部，从无锡至苏州，设色绢本手卷）

京杭大运河的开凿

隋唐时期，京杭大运河的开凿对无锡的运河产生了巨大影响。一是无锡城南的运河，原先由伯渎港向东进入苏州，改为向南经望亭入苏州；二是在无锡西北的运河，由向北从渔浦入江改为自阳湖折向西北沿徒阳运河到镇江过江。无锡境内运河宽度也达到了 30 多米，达到了隋炀帝“使可通龙舟”的要求。除此之外，隋开皇九年（589），无锡县城东南 50 里处，建成了无锡运河上有据可考的第一座堰闸——望亭堰。大业四年（608），无锡城西建成梁溪桥，横跨梁溪。大业八年（612），跨越无锡运河的第一座桥——利津桥建成。于是无锡运河的通行运输能力得到了极大的提升，奠定了无锡运河宋代以来的基本面貌。《无锡县志》云“自唐武德以后，至今累浚，为东南之水驿。城中河凡十有八，皆运河之支流别脉”，就是对此的描述。

《苏州无锡之间水道图》

图题系依其内容而定；图中未附图例、比例，方位注记于图沿四周。全图以墨笔线描城墙、湖泊、圩荡及桥墩等形象，图中各处以文字注记；无锡属常州府，县境在苏州府城阊门外西北方 49 里（同治《苏州府志》，卷二“疆域”），全图涵盖范围为苏州府常熟县以南、长洲县一带及无锡县辖境。从图中信息很难判断该图绘制的年代，但因该图同为“戈登文书”第 32 号藏卷之一，可推断该图绘制时间大致在咸丰至同治初期。

全国四大米市之首

“新粳粲如玉，远漕来中吴。”[3]明代诗人高启的这两句诗，描绘的就是无锡产的米，洁白温润，香糯滑口。隋炀帝开通大运河，北方水系于是和江南运河相接，无锡本就位于江南运河的中心位置，和苏州、常州、江阴、常熟等地来往极其便利，因此这里的商贸非常繁荣。

到了明代，无锡米已经成为宫廷用米，朝廷专设无锡仓以征粮进宫。无锡也在发展中渐渐与长沙、芜湖、九江并称“全国四大米市”。到清代，上海的漕粮局又被迁到无锡，无锡于是成为江浙地区漕粮转运中心。清末时，无锡的粮食年成交量已经达到了9亿斤。1936年，无锡的粮食年成交量更是达到了18亿斤[4]，堪称全国四大米市之首。而无锡也因此有了“米码头”的美称。

---

3 潘君明选注《苏州历代饮食诗词选》，苏州大学出版社，2013，第110页。
4 庄若江：《千载化育 璀璨华章：人文无锡读本》，光明日报出版社，2019，第143-144页。

丝码头

无锡自古以来就是蚕丝之乡，自泰伯栽桑养蚕开始，已有3000多年历史。19世纪60年代，无锡农民从事养蚕，缫成土丝出售的副业已成规模。不同地区的蚕农都会在附近的城门兜售，比如东南乡的土丝都在南门出售，北乡的则在北门出售，无锡因此诞生了许多丝市中心。到1929年，无锡丝品出口已经占全国丝品出口的28%，位居第一。

丝产业还衍生出一个新行业——茧行。清光绪十三年（1887），孙伯瑜和顾勉夫合办了无锡第一家茧行（仁昌茧行），逐步代替了蚕农自己养、自己缫土丝的生产模式，之后，无锡又出现了多家茧行，收购鲜茧，焙烘茧子。其中规模最大的就是薛南溟的茧行，当时蚕农间流传着一句话："走穿脚底跟，跑不出薛家门。"

荣宗敬、荣德生兄弟

江南大学

无锡原属常州府，是一个小县，而现在却与近旁的苏州、常州并列，稳坐“江苏十三太保”的一把“交椅”，这不能不提到清末民初时无锡的崛起。1912 年，无锡就从常州分离出来。这段时间里，因为靠近上海、苏州的地理位置优势，无锡迅速发展成为 20 世纪 30 年代中国六大工业城市之一，荣德生、荣宗敬二人便是无锡民族实业家的代表。现在的“双一流”高校江南大学的前身——私立江南大学，就是“二荣”所筹办的，并成为当时全国最著名的四所江苏高校（其余为中央大学、金陵大学、东吴大学）之一。

荣宗敬、荣德生在上海创办的福新面粉厂

业勤纱厂

1895 年，无锡的杨宗濂和杨宗瀚兄弟在东门外兴隆桥创办业勤纱厂，取古训“业精于勤，荒于嬉”的含义。这是近代无锡第一家机器工厂，也是全国第一家商办纱厂。

业勤纱厂

钱码头

在无锡因运河而发展起来的行业，还有钱庄行业。清朝同治八年（1869），无锡已有七家经营兑换货币、发行钱票、吸纳存款并进行放贷的钱庄，30 年不到的时间里，无锡的钱庄已经超过 20 家[5]。如果不是运河带来大量的外来客商，丝产业的兴盛还有自古以来的粮米集散，无锡是否能够有如此蓬勃的发展，恐又是另一番景象。

5 雷群虎主编《无锡特色文化》，苏州大学出版社，2006，第 85–86 页。

太湖佳绝处，也是运河佳绝处

“运河绝版地”：清名桥

人说无锡是“太湖佳绝处”，殊不知大运河也在无锡留下过浓墨重彩的一笔。无锡古运河全长 40.8 公里，由“一环一弄堂”组成。之所以说“环”，是因为大运河多为笔直的流水，唯有在无锡处，大运河似是不舍此地风情，少见地拐了弯，绕城而过；而“弄堂”，便是“江南水弄堂”。其中跨塘桥至清名桥这段约一公里的古运河段，不仅是京杭运河最古老的水道，更是最具江南运河风情的“运河佳绝处”。

无锡古运河

清名桥是无锡现存最大的古石拱桥，始建于明万历年间，花岗岩制。每至夜晚，拱桥倒映在粼粼波光之中，其影与桥身相连，似一只眼睛，静静注视着古老的运河与枕河相生的灯火人家，因此老无锡人将其唤曰“运河眼”。清名桥东有建于清末的祝大椿故居，这位清末民初的民族实业家被称为“电气大王”，也是无锡传承民族工商业文化的代表人物；桥南是伯渎河，“平墟境里寻吴事，梅里河边载酒船”（〔元〕赵孟頫《夜泊伯渎》），伯渎河约为公元前 1110 年泰伯率乡民开凿，吴王阖闾攻楚、夫差伐齐时均经过此河；桥西有南长街、广场与运河博物馆。清名桥历史文化街区集寺、塔、河、街、窑、宅、坊、弄、馆于一体，被誉为运河文化的“露天活态博物馆”。

锡惠公园

惠山古称历山、西照山，相传唐时西域僧人惠照曾居此处，故唐以后称惠山。锡山是惠山东峰山脉断裂后凸起处，山高仅 75 米，相传周秦时盛产锡矿，故名。1958 年映山湖开凿，使锡山与惠山连成一片，此地辟为锡惠公园，内有寄畅园、天下第二泉、惠山寺等古迹。

〔明〕倪瓒《容膝斋图》

倪瓒，元末明初无锡人。其早年画风清润，而晚年画风平淡古拙、笔简意深。该图名出东晋陶渊明“倚南窗以寄傲，审容膝之易安”（《归去来兮辞》），容膝斋是倪瓒同乡潘仁仲在锡山的闲居处。画中“一湖两岸”，画面疏薄、通透，寒山瘦水，枯木冷石，画风简逸萧疏，堪称“绝笔”。

寄畅园原名秦园，原为惠山寺僧舍，明正德年间辟为私人别业。万历十九年（1591），秦燿被弹劾罢归，借东晋王羲之“取欢仁智乐，寄畅山水阴”（《答许询诗·其一》）之意，将园名改为“寄畅园”。清乾隆十一年（1746），此园被改为祠堂公产。寄畅园大部分建筑毁于太平天国战火，如今存有锦汇漪、七星桥、山色溪光等景。锡惠公园中有大量的祠堂，如春申君祠、范仲淹祠、顾可久祠等，以至有“一根水轴两条街，八大片区祠堂群”之说。

“天下第二泉”一称来源于唐代茶圣陆羽。他品遍天下泉，将其列为二十等，而惠山泉位其二，因名。[6] 天下第二泉现有二泉上池、二泉下池、万卷楼、陆子祠等景。

惠山寺始建于南北朝，前身为南朝刘宋年间司徒右长史湛挺的“历山草堂”。刘宋景平元年（423），草堂改作僧舍，称“华山精舍”。唐大中至咸通年间，寺庙重建，改称“惠山寺”。现寺内保存的古迹有唐宋石经幢、金刚殿、云起楼等。

---

6 据陆羽评定，天下名泉位列前五的依次是：江西庐山谷帘泉、江苏无锡惠山石泉、湖北浠水县兰溪石下水、江西上饶广教寺内陆羽泉、江苏扬州大明寺泉。

黄埠墩：小岛上的大历史

惠山古镇不远处，惠山吴桥以南、惠山浜口的古运河中心，有一座浮岛，四面环水，飞楼缥缈，名为“黄埠墩”。它只有600多平方米，却见证了无锡2000多年来的兴衰。东汉《越绝书》记“春申君时……立无锡塘……无锡湖者……”，黄埠墩由此得名。唐时此地被称为“射贵湖”（见于陆羽《惠山寺记》），一名“芙蓉湖”。南宋德祐二年（1276），著名将领文天祥作下“夜读程婴存赵事，一回惆怅一沾巾”（《过无锡》）之句，直陈山河破碎的痛苦与卧薪尝胆的决心。据明人王永积《锡山景物略》记载，彼时“墩上有文昌阁、环翠楼、水月轩，垂柳掩映，不接不离。登阁九峰环列，风帆片片，时过几案间”，其仙境环胜，就连海瑞也不禁在环翠楼挥毫题下“玩山临水第一楼”之匾。清康熙、乾隆南巡，均多次在此停留，康熙题下“兰若”一匾，乾隆帝亦作“梁溪溯远练，惠山濯翠螺”楹联一副，他回京后更是对黄埠墩念念不忘，于是在颐和园昆明湖南端，仿黄埠墩建起凤凰墩。黄埠墩本是古芙蓉湖遗留下来的小岛。芙蓉湖因明代以来的围湖造田活动不断收狭，逐渐成为大运河中的一段河道。黄埠墩则与古运河中另一个小岛“西水墩”一起，分列为古运河无锡段中的“天关”与“地轴”。

鼋头渚：太湖佳绝处

太湖，旧日称“具区”，又名“震泽”“笠泽”，其风光以雄浑清秀著称，而“太湖佳绝处，毕竟在鼋头”（郭沫若《蠡园唱答》）。鼋头渚为太湖西北岸无锡境内的一个半岛，因有巨石突入湖中，状如浮鼋翘首而得名。此地现有鹿顶迎晖、鼋渚春涛、横云山庄、万浪卷雪、湖山真意、樱花谷、广福古寺等 10 多处景点。鼋头渚四时有景，八方入画，鼋渚听涛处，如遇风和日暖，微波涟漪，涛声清缓而流畅；若遇狂风怒号，浊浪滔天，则轰然而鸣，犹如万马奔腾。1987 年，鼋头渚樱花林开始种植，如今树已亭亭，春时薄红连雾，樱落浮水，蔚为大观，成为鼋头渚的特色景观之一。

〔元〕王蒙《具区林屋图》（局部）

非物质文化遗产：惠山泥人

惠山泥人是江苏无锡的传统工艺美术品，用土取自惠山东北坡山脚离地面一米以下的黑泥，泥质细腻柔软，搓而不纹，弯而不断，干而不裂，可塑性强，适合“捏塑”之用。惠山泥人以其造型饱满、线条流畅、色彩鲜艳、形态简练蜚声中外，其精湛的工艺技巧和完美的艺术造型，凝聚了古代劳动人民智慧和艺术的结晶。惠山泥人的制作工艺分为捏坯、彩绘、开相几部分，品种上主要分为“手捏戏文”和“印模泥玩具”两大类。它做工细致，造型优美，色彩绚丽，注重对人物性格、表情的塑造，富有浓厚的乡土气息，深受人们的喜爱。

太湖三白

太湖三白是指太湖中的三种河鲜——白鱼、白虾和银鱼，三者色泽均呈白色，烹调之后鲜嫩可口，令人食之难忘。烹调太湖三白，食材必须新鲜，多采用清蒸、白灼等烹调方法以保持食材原味，使鲜味更加突出。

无锡酱排骨

无锡酱排骨又称“无锡肉骨头”，其以新鲜猪仔排为原料，肉质鲜嫩，成菜色泽红亮油润，口味酸甜。

玉兰饼

玉兰饼因制作于玉兰花开的时节而得名。玉兰饼以糯米作外皮，内里有各种馅心，常见的口味有鲜肉、豆沙和玫瑰等。用油煎好后的玉兰饼表皮金黄酥脆，吃起来外脆里香。

常州
無錫
金匱
常熟
昭文
新陽
昆山
蘇州
吳江
宜興
荊溪
元墓
澱山湖
太湖
長興界

苏州

吴越天堂

江南的鱼米之乡

运河上的一二等富贵风流之地

江南运河

公元前 514 年，伍子胥奉吴王阖闾之命，主持修建阖闾城，设水城门八座、陆城门八座，内外水道相连，又有护城河防护。在此基础上，为北上争霸，伍子胥在公元前 495 年又奉命开凿了一条人工河道连接苏锡常地区，加上伍子胥开挖的从今苏州到溧阳、高淳，最后在芜湖注入长江的胥河，这就是最初的江

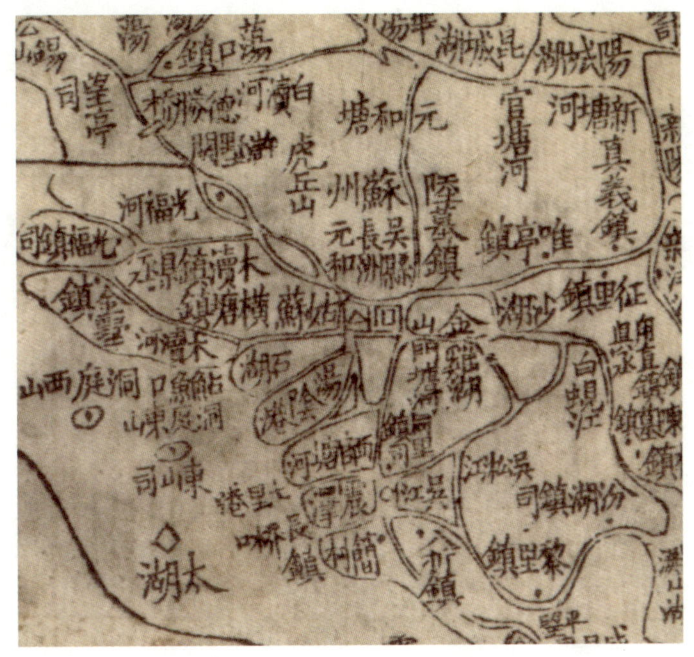

《江苏全图》（苏州局部）

南运河水道。隋朝炀帝在一千多年后，下令在此基础上，开凿江南运河。自此之后，苏州段的运河尽管经过历朝历代不断修理整治，但基本维持了隋炀帝开凿的大运河的面貌。

水城

大运河由西北向东南而来，汇入苏州城内的水系，出苏州时，又一分为三，分别为山塘河、上塘河、胥江。可以说，苏州城本身就是大运河不可或缺的组成部分。当年伍子胥于水陆交错地修建阖闾城，也奠定了苏州江南水乡的风貌。走在山塘街上，人们便可沿着运河一览苏州古景。

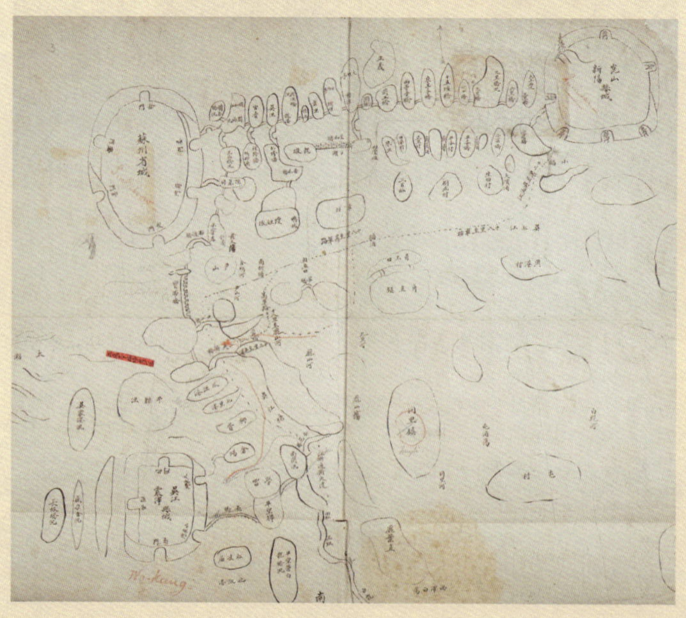

《苏州府境舆图》

该图绘制于清咸丰至同治初期，图题根据内容拟定。该图描绘了苏州境及昆山、吴江等县境，红签贴在太湖边的位置，上面写着“此处十字路桥口有河桩”。

《苏州府阊胥二门外附郭地舆图》

该图成于清同治时期，图题根据内容拟定。全图详细描绘了苏州城西阊、胥二门和城外山形、太湖状貌。

苏州租糙米

1971年，洛阳含嘉仓[1]遗址出土了八块武则天时期的铭砖。其中一块刻有“苏州租糙米”字样，是苏州米进贡唐都的实物证据。从这几个字也可见，苏州当时并不是沃野千里的“水乡”。当时，吴地荆草丛生，又多河湖，实在不宜耕种，《汉书·地理志》称吴越地区“厥土涂泥，田下下”。唐贞观十三年（639），苏州的人口是苏锡常杭地区最少的，甚至仅有附近常州的一半[2]。

含嘉仓出土的铭砖

1含嘉仓，唐前期的关东与江淮的漕粮中转站，是唐朝时期最大的粮仓。
2梁方仲编著《中国历代户口、田地、田赋统计》，上海人民出版社，1980，第82页。

漕吴而食

唐人吕温曾言:“天宝之后,中原释耒,辇越而衣,漕吴而食。”安史之乱之后，中原动荡，唐廷失去了对河北、陇右、两淮、巴蜀等产粮地的强有力控制，同时，连绵的战乱也造成了永嘉南渡之后的第二次由北向南的大规模人口迁徙。唐廷于是加强了对江汉运输线的维护以及对江东农业的开发。唐朝名臣韩滉在苏州任刺史期间，肩负了供养唐朝皇廷的责任。韩滉的镇海军负责为朝廷押运吴地粮米，数次挽救了在洛阳的唐廷。在此之后,苏州作为重要的漕运地区,逐渐发展起来。“整个唐中后期,

〔明〕沈周《东庄图册（十）》（稻畦）

64 位苏州刺史中 35 位有传，比例远超盛唐，而有传者绝大多数在农田水利领域有所作为。”[3]明清时期，苏州的粮食产量极高，可以“五年耕而余二年之食”。苏州太仓更是因为是天下粮仓，囤粮极多，而直接以“太仓”[4]为地名，沿用至今。

3 马翔宇：《漕吴而食通海波——追忆苏州的天下粮仓时代》，吴文化博物馆微信公众号：https://mp.weixin.qq.com/s/FvoI-7obxoJ2lqyqoKHIpw。

4《史记·平准书》载：“太仓之粟，陈陈相因，充溢露积于外，至腐败不可食。”此处的“太仓”，即指汉代京城储备粮食的仓库。后世隋、唐、宋等朝代，均设立常平仓制度，太仓的含义便有所扩大，指京城及其附近积储粮食的仓库。

太仓造船厂

除了南京龙江造船厂，明成祖朱棣在苏州太仓也建造了一座船厂，这两座船厂共同负责郑和下西洋所用船只的建造。不仅如此，太仓还是郑和下西洋的起锚地和归泊港。全国用于下西洋远航的物资均在南京聚集，随着龙江造船厂建成的宝船顺江而下，在太仓刘家港集合，浩浩荡荡，旌旗招展，好不威风！

太仓码头

太仓之所以成为宝船的起锚地，更多的是因为太仓本身就具有非常重要的作用。明人桑悦编纂的《太仓州志》曾记载：“元至元十九年（1282），宣慰朱清、张瑄，自崇明徙居太仓，创开海道漕运，而海外诸番因得于此交通市易，是以四关居民，闾肆相接，粮艘海舶，蛮商夷贾，辐凑云集。”海运的码头便是指刘家港。当时，刘家港位于长江入海口，有近 30 里的长堤码头，距离当时的都城南京仅一天的路程，因而不仅被选作下西洋的起锚地，更成为各国来朝交往的港口。

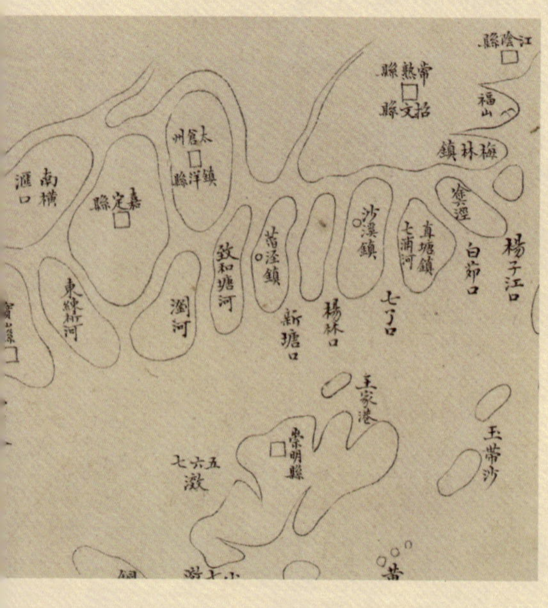

《七省沿海全图》（局部）

苏州织造局

不论是苏州宋锦，还是南京云锦，其制作工艺实际上都是经过宋元二朝，在明代成熟。而且，随着漕运在明代渐渐恢复，不论南京还是北京，布匹的运输也相较之前更为便捷。苏州织造局和江宁、杭州织造局一样，就是在这个时期发展起来的。苏州的丝绸有“日出万匹，衣被天下”的美誉，在清代，苏州织造局更是当时规模最大的丝织业手工工场[5]。据清人孙珮所编《苏州织造局志》记载，到明朝时期，江南织造才真正被看作非常重要的财政收入，其建制和发展沿革均被写入史册[6]。

5《鱼米之乡江苏》编写组编著《鱼米之乡江苏(一)》，中国旅游出版社，2015，第 195 页。

6《苏州织造局志》载：“苏郡之有织造，沿革靡常，难以尽考。宋、元之间，其事邈矣。明洪武至启、祯废兴，恒载史册，可以按籍而稽。”

金砖

紫禁城的建造集结了全国的能工巧匠和物资。其中，紫禁城的“金砖”便产自太湖。“金砖”原称作“京砖”，专供皇室建造宫殿使用，因为谐音而被民间传为“金砖”。另一种说法是，此砖质地细腻且密实，敲之有金属之声，故名“金砖”。

当年“一两黄金一块砖”的说法，并不是空穴来风。“金砖”铺在地面上，平整光滑，像镜子一般，发着幽幽的光亮。其制造也必须有皇帝谕旨才能进行，据说，这些砖从取土到出窑需要 720 天[7]。明代宋应星曾在《天工开物》里说到南方泥质极佳，“皆以粘而不散、粉而不沙者为上”，太湖泥就有这样的特点，是制作地砖的优质原材。多产京砖的苏州陆慕，因此在当时被朱棣赐名“御窑”。这些供给皇室的砖便跟着大运河上的粮船，一路直抵北京。

---

7 单霁翔：《大运河漂来紫禁城》，中国大百科全书出版社，2020，第 9 页。

这种金砖也同样为文人雅士所爱，如今苏州拙政园的嘉实亭和狮子林内就各有一块金砖，据闻，狮子林内的金砖当时被用来练习书法。

乾清宫殿前地面即用金砖铺就

“运”来的“天堂”

平江路：碑刻拓印下的古城

苏州文庙（现苏州碑刻博物馆）内矗立着一座石碑，立于南宋绍定二年（1229），由时任知府李寿朋以南宋苏州城全貌为蓝本派人雕刻，以建筑平面与简单透视相结合的中国传统绘画手法，将昔日平江城永久记于磐石之上。

平江城[8]上袭春秋阖闾城，下延今日苏州，城址一直未变。其呈现为南北

8 宋开宝八年（975）改中吴军为平江军；政和三年（1113）升为平江府。元至元十三年（1276）改为平江路；至正十六年（1356）张士诚定都平江，改为隆平府；十七年（1357）再改为平江路；二十七年（1367）朱元璋军攻克苏州，改平江路为苏州府。

长逾四公里、东西宽逾三公里的长方形。“平江图”的中心部分是子城，分为六个区，其将寺、院、府仓、府宅、园林、城墙、城门、山、河、桥等均记载在内，仅桥就有 305 座，最大的一座是位于盘门外架在运河上的叠式桥，今仍存。水体有 10 种，包括运河、城河、湖、荡、江、塘、湾、池等，其中城河最多。“平江图”碑是我国现存最大的地图碑刻，作为城市地图，其幅面大小也世所罕见，为研究宋代城市建设、行政制度和文化艺术留下了宝贵的实物资料，且碑刻精细，具有艺术价值，是不可多得的珍宝。

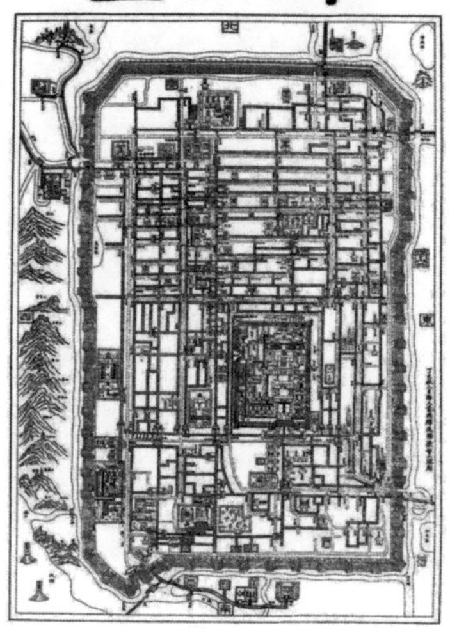

平江图

今人欲寻平江古城风韵，首选苏州城内的平江路。平江路南起干将路东段苑桥，北接华阳桥过东北街和百家巷相通，全长约 1600 米，基本延续了唐宋以来的城坊格局，以“水陆并行，河街相邻”著称。路西侧平江河是苏州第三直河[9]，碧水河畔，绿柳垂丝，粉墙黛瓦，弥漫着“小桥流水人家”的江南气息。平江路上的通利桥、胡厢使桥、雪糕桥等均镌刻于“平江图”碑之上，深刻展现了平江城跨越千年的历史脉络。

平江城门的开辟，与北方古城城门相异，后者方向端正，位置对称，而平江城主要是根据地势和河道进出水的方位来决定城门位置的。苏州城最初由伍子胥初建，名阖闾城，辟有八座城门，至宋时城门减为五座：南为盘门；北为齐门；东二门，其南为葑门，其北为娄门；西一门，为阊门。这些城门在今日均有迹可寻。大运河到达城外时在阊门与盘门分为二支：一支绕城廓之西及南而过；另一支由阊门、盘门入城，与城内河道连通，并经第一直河与第一横河后穿城而出，第一直河因南近盘门，北端连阊门，实际上是城市对外交通运输的枢纽。“人语嘲喧晚吹凉，万窗灯火转河塘。”（〔南宋〕范成大《晚入盘门》）各地商旅在此云集，大大小小的贡院、驿站、商业店铺等纷纷沿河建设，成就了平江城的兴盛与发达。

---

9 贯穿苏州城与运河相连的有七条主干河道，简称“三横四直”。“三横”指古城内自西向东的三条主干河道，称作横河；“四直”指古城内由北向南的四条主干河道，称作直河。

运河上最著名的“愁”

月落乌啼霜满天，江枫渔火对愁眠。

姑苏城外寒山寺，夜半钟声到客船。

世人皆知姑苏城外有枫桥与寒山寺，均因为此诗。枫桥始建于唐朝初期，横跨运河的支流吴江，是一座由石头砌成的单拱桥。其实枫桥原本并不姓“枫”，而叫“封桥”，由于地处河道与城墙的交界处，“封桥”与它旁边的铁铃关既是运河的主要码头口岸，又是古代驿道的必经之路，每当漕粮运输时节，河道城门都会戒严封锁，“封”字由此而来。改称一事，始因张继之诗。北宋之前，两名混称现象普遍，直到北宋宰相王珪手书《枫桥夜泊》诗并刻碑，才定下“枫桥”一名。

南北朝时的寒山寺，还是个只有几间禅房的小禅院，为南朝梁代时天台宗普明禅师修建。其圆寂后，弟子改寺名为“妙利普明塔院”。“寒山寺”一名则源于唐时的高僧寒山。明代姚广孝《寒山寺重兴记》载：“出阊门西行不十里，即枫桥，桥之南去寻丈地，寒山寺在焉。临运河塘，其塘北抵京口，南通武林，为冲要之所……唐元和中，有寒山子者，不测人也，冠桦布冠、著木履，被蓝缕衣，掣风掣颠，笑歌自若，来此缚茅以居……寻游天台寒岩，与拾得、丰干为友，终隐入岩石而去。希迁禅师于此创建伽蓝，遂额曰寒山寺……”寒山与拾得是唐时著名诗僧，相传二僧行迹怪诞，言语非常。今寒山寺内有寒拾殿，内奉寒山、拾得像，以作纪念。

〔宋〕《寒山拾得图》

历史总会阴差阳错地以某些误解成就经典，张继笔下“夜半钟声”的寺院，其实应是距枫桥不远的虎丘寺。每到午夜时分，或许是为了告知僧侣们“晚课”的时间，虎丘寺内会以鸣钟表示前半夜已过，后半夜来临，被称为“分夜钟”。而寒山寺随张继诗声名远扬，后来才在寺中修建了钟楼，开始敲“分夜钟”，如今游人只有在每年除夕夜时才能听到这悠远的钟声。

自枫桥随大运河顺流而下近九里，便至横塘驿，是大运河江南段沿线为数不多的水陆两用驿站之一，也是如今仅存的一处古驿站遗构。横塘驿据守在胥江小岛的最西端，大运河与胥江在它身边汇聚。前者与苏州古城相依相守，血脉相连；而后者是伍子胥建城时设计的苏州母亲河，也是苏州古城的生命线。驿站在古代是传递官府文书以及往来官吏中途歇宿之所，现存驿亭左右石柱对联曰：“客到烹茶旅舍权当东道，灯悬待月邮亭远映胥江。”据记载，苏州旧时拥有不少上规模的名驿，如姑苏驿、望亭驿、横塘驿、松陵驿等，如今唯余横塘驿一处。

〔明〕文征明《横塘图》

非物质文化遗产：苏州评弹

苏州评弹是苏州评话和苏州弹词的总称，是采用吴语徒口讲说的传统曲艺说书戏剧表演形式。它产生于苏州，流行于江浙沪一带，用苏州方言演唱。苏州评弹大致可分三大流派，即陈（遇乾）调、马（如飞）调、俞（秀山）调。苏州评弹经百余年的发展，不断出现继承这三位名家风格，且又有创造发展、自成一家的新流派，如此发展繁衍，形成了苏州评弹流派唱腔千姿百态的兴旺景象，使苏州评弹艺术历经 200 余年不衰。

苏州评弹有说有唱，大体可分三种演出方式：一人的单档，内容多为金戈铁马的历史演义或叱咤风云的侠义豪杰故事；两人的双档，两人说唱，上手持三弦，下手抱琵琶，自弹自唱，内容多为儿女情长的传奇小说或民间故事；三人的三档，演员均自弹自唱，伴奏乐器为小三弦和琵琶。评弹的评话和弹词均以说唱细腻见长，吴侬软语娓娓动听；演出中常穿插一些笑料，妙趣横生；弹词用吴音演唱，抑扬顿挫，轻清柔缓，弦琶琮铮，悦耳动听。

阳澄湖大闸蟹

每当“秋风起，蟹脚痒”时，也是阳澄湖的大闸蟹膏肥腴满之时。阳澄湖蟹以农历九月的雌蟹、十月的雄蟹为最佳。煮熟凝结，雌蟹呈金黄色，雄蟹如白玉状，有独一无二的鲜香美味，风靡全国。

苏式月饼

苏式月饼起源于唐朝，盛于宋朝，是中秋节的传统食品。苏式月饼经制酥皮、包馅、成型、焙烤工艺加工而成。其皮层酥松，色泽美观，馅料肥而不腻，咸中带甜，口感酥脆。

枫镇大面

枫镇大面清汤鲜亮，色调清爽雅致；以上好的五花肉作浇头，至少焖四个小时，焖肉细嫩、入口即化；其面细而长，韧而爽，久煮不烂，条条利落。无怪苏州面花色繁多，而枫镇大面得以荣居榜首。

〔清〕钱维城《狮子林图卷》